AF456285

RÉFLÉXIONS POLITIQUES DE BALTASAR GRACIAN

SUR LES PLUS GRANDS PRINCES, ET PARTICULIÉREMENT SUR FERDINAND LE CATHOLIQUE.

Ouvrage traduit de l'Espagnol, avec des Notes historiques & critiques.

Par M. D. S****

M. DCC. XXX.

PRÉFACE.

LE Traducteur de L'HOMME DE COUR, & celui de L'HOMME UNIVERSEL & du HE'ROS, se sont apliqués à faire connoître la personne, les ouvrages & le caractére de BALTASAR GRACIAN: c'est un Auteur dificile à entendre, plus encore à traduire, qui se sert souvent de la métaphore & de l'hyperbole, homme d'imagination & de sens.

Qu'il me soit permis de rapeller les paroles du Traducteur de L'HOMME DE COUR sur l'Ouvrage dont on donne icy la Traduction. *C'est*, dit-il, *un éloge excessif de Ferdinand, & au sentiment de quelques Savans, le meilleur ouvrage de Gracian.* Dans un autre endroit il l'apelle *Une Critique Royale & un chef-d'œuvre de Politique.*

PRE'FACE.

On a coutume de louer l'Auteur que l'on traduit : l'amour propre nous fait ſouhaiter que les autres ne ſoient pas moins touchés que nous des ouvrages pour leſquels on déclare ſon goût d'une maniére ſi poſitive, quand on fait tant que de les traduire. Ce n'eſt point l'atrait de la nouveauté qui me ſéduit, mais celui de la verité qui ne veut point être trahie : cet Ouvrage de Gracian péche par l'ordre & par la méthode ; il abonde de traits brillans, mais la tranſition des uns aux autres eſt forcée, les métaphores ſont outrées, les éloges qu'il fait le ſont encore plus, les termes ſont peu éxacts ; l'Ouvrage, en un mot, eſt dans le goût qui regnoit de ſon tems en Eſpagne, & ce caractére eſt aſſez celui de ſes autres Ouvrages. Mais, dira-t-on, quel motif peut donc engager à le traduire ? Ces défauts n'excluent point certaines penſées remplies de ſel, des ſentimens qui touchent le cœur & qui élevent l'eſprit, des maximes qui inſtruiſent : le composé eſt bizarre, mais il plaît. Je me ſervirois volontiers de la comparaiſon de l'architecture Gothique avec l'architecture des Grecs & des Romains, pour comparer le goût qui regnoit du tems de Gracian avec le goût épuré de ce ſiécle : l'architecture Gothique eſt chargée d'ornemens ; il y a des parties détachées, qui ſont délicates, achevées ; on y reconnoît de la hardieſſe & de la légéreté, & le tout quoique barbare ſurprend, se fait admirer. L'Architecture Romaine ne manque point d'ornemens, mais les ornemens en font le moindre mérite; de la proportion de toutes les parties, de leur symétrie, de leur ordre, il résulte une noblesse qui dans sa simplicité laisse partout à admirer, rien à critiquer: l'éxamen des parties ne distrait jamais de celui du tout, & aucune même ne peut être considérée que comme relative au tout dont elle est la partie. Le caractére de l'architecture Gothique nous donne celui des Ouvrages de Gracian: le caractére de l'architecture Romaine, nous aprend quel doit être celui d'un Ouvrage parfait.

L'Ouvrage Espagnol a pour titre: EL POLITICO DON FERNANDO EL CATOLICO, *Al excelentissimo Segnor Duque de Nochera.* Je me suis trouvé dans la même nécessité où ont êté les Traducteurs des autres Ouvrages de Gracian, de changer le titre. J'en ai substitué un autre plus propre à faire concevoir une juste idée de ce que cet Ouvrage renferme.

Gracian a dédié son Livre au Duc de Nochéra. C'êtoit François-Marie, Duc de Nochéra, Comte de Soriano, Marquis de Saint Ange, & Grand d'Espagne, qui mourut disgracié en 1642, après avoir êté Viceroy d'Aragon & de Navarre. Il descendoit d'une branche de la famille des Caraffes, Maison illustre du Royaume de Naples, où est ſitué le Duché de Nochéra, qui aprés diférentes ſucceſſions eſt venu au Prince PIO qui le poſſéde aujourd'hui. Il eſt naturel que Gracian Jéſuite Aragonois, apelle le Viceroy d'Aragon ſon *Mécéne* & ſon *Seigneur*. Baltaſar Gracian êtoit de *Catalayud*, autrefois BILBILIS patrie de Martial.

J'ai éclairci par des Notes les principaux traits d'hiſtoire, & je me ſuis particuliérement ataché à ceux qui êtoient les plus intéreſſans : mon inſtruction a êté l'objet principal de mon travail.

Les éloges généraux que Gracian donne à Ferdinand, lui ſont une choſe commune avec tous les Hiſtoriens d'Eſpagne; c'eſt au jugement de MARIANA, à qui l'on ne reproche point d'être flateur, un grand Roy. J'ai éxaminé avec critique certains faits particuliers qui feront connoître quel êtoit ſon genre de grandeur. Si c'eſt par les actions que l'on acquiert de la gloire, c'eſt par elles auſſi que l'on doit juger du caractére des hommes : des traits généraux, des éloges outrez ſont moins propres à fixer le jugement qu'un eſprit ſage en doit porter, qu'à faire concevoir une juſte défiance de la grandeur qu'un panégyriſte atribuë à ſon héros : de grands mots peuvent éblouir des eſprits ſuperficiels; leur fauſſe lueur s'évanouit au premier éxamen, ils perdent tout leur mérite à être aprofondis,

RÉFLÉXIONS

RÉFLEXIONS POLITIQUES DE BALTASAR GRACIAN SUR LES PLUS GRANDS PRINCES,

ET PARTICULIÉREMENT SUR FERDINAND LE CATHOLIQUE.

Ouvrage dédié au DUC DE (a) NOCHÉRA.

JE METS un Roy en paralléle avec tous ceux des siécles passés, je propose un Roy pour éxemple à tous ceux des siécles à venir; FERDINAND LE CATHOLIQUE, oracle (b) de prudence, maître dans l'art de gouverner.

Ce n'est point ici, excélentissime Duc, mon Mécéne &

(a) *Voyez dans la Préface, ce qu'étoit le Duc de Nochéra.*

(b) *Voyez vers la fin de la Préface, ce que l'on doit juger de ces éloges généraux.*

& Seigneur, le corps de ſon hiſtoire, c'eſt l'ame de ſa politique; c'eſt moins le récit de ſes actions, que l'expoſition de leurs motifs & de leurs reſſorts; c'eſt plutot la critique de pluſieurs Rois, que le panégirique d'un ſeul Roy: c'eſt un ouvrage que mon reſpect & mon zéle conſacre au génie ſupérieur de vôtre Excélence.

Je commenterai quelques unes des maximes de ce grand Roy, celles qui ſont les plus faciles : les autres plus élevées & plus cachées, je les céde à ceux qui préſumeront d'y ateindre. Je me fonderai ſur des régles ſûres, & non ſur des paradoxes politiques, dangereux écuëils de la raiſon; je préférerai toujours le certain au nouveau.

Ce n'eſt point par des traits flateurs, que je caractériſerai Ferdinand. La flaterie eſt inutile où la vérité ſufit : c'eſt cette vérité dont je ne m'éloignerai jamais. Ma hardieſſe eſt excuſable; elle a êté excitée par un heureux hazard qui m'a procuré des mémoires (1) que la main de ce Roy Catholique a éterniſés, plus ſpirituels qu'ils ne ſont bien écrits : vrais oracles, & par le ſecret de leurs caractéres, & beaucoup plus par l'élévation de leurs ſentimens.

J'envie à Tacite & à Commines leur eſprit, leurs plumes; mais non point leurs (2) héros.

Ferdinand fonda la plus grande de toutes les Monarchies, ſoit qu'on la conſidére par la Religion, ſoit qu'on enviſage

(1) On ne trouve ni dans la Bibliothéque Royale de Madrid, ni dans celle qui eſt à l'Eſcurial aucun manuſcrit de Ferdinand; on n'en connoit même aucun. On reprochera toujours à Gracian de n'avoir point donné connoiſſance des mémoires qu'il indique.

(2) Cette penſée n'eſt point du tout à l'honneur de Ferdinand, & Gracian qui dans le reſte de cet ouvrage en fait des éloges outrés, a contre ſon deſſein parfaitement déſigné le vrai caractére de ſon héros, par le paralléle où il le fait comme entrer avec deux Princes, les plus politiques & les plus fourbes de leurs ſiécles, Tibére & Louis XI.

envisage le gouvernement, la valeur, les Etats & les richesses ; & il fut le plus grand de tous les Rois.

On a toujours admiré dans les fondateurs des Empires un concours de grandes vertus. Les belles inclinations font l'honnête homme, & les grandes qualités font les grands Rois.

Les actions des fondateurs ont été ordinairement si prodigieuses, que le récit en est plus souvent regardé comme un jeu de l'esprit, que comme une vérité éxacte de l'histoire. Leurs Nations les ont élevés audessus des hommes, elles les ont égalés aux Dieux : les Etrangers se sont portés vers l'autre extrémité, ils les ont regardés comme des héros fabuleux.

Xénophon consacra son élégante plume à la gloire de Cirus, chef de l'Empire des Perses : la trop grande perfection où le héros est élevé, a fait perdre toute (3) créance à l'historien. La postérité a cru que Xénophon avoit moins

(3) C'est une erreur qui est commune à Gracian & à plusieurs Savans de regarder la Ciropédie de Xénophon, comme un Roman. Platon est le premier qui a donné lieu à cette erreur. *Je conjecture*, dit-il, livre 3 des Loix, *que Cirus a été un habile Général & qu'il avoit un grand soin des bonnes mœurs ; mais il me paroit qu'il n'a pas suivi les véritables régles de la politique, ni sçu la maniére dont il faut gouverner une maison, puisqu'il a fait élever ses fils par des femmes.* Mais est-ce dire que la Ciropédie de Xénophon soit un Roman ? Ciceron parle plus afirmativement, sans qu'il paroisse qu'il ait pu avoir d'autre fondement que ce passage de Platon mal entendu : *Cirus ille* (dans sa premiére Lettre à son frére Quintus) *a Xenophonte non ad historiæ fidem scriptus est, sed ad effigiem justi imperii.* Une distinction simple & naturelle éclaircit toute la dificulté. Il y a deux choses dans la Ciropédie de Xénophon, qu'il faut considérer & ne point confondre : Les faits, & les instructions dont cet Historien l'a remplie. Les faits sont vrais, il est vrai semblable que les instructions sont fausses. Xénophon dont la probité & la sincérité éclatent dans ses autres Ouvrages, déclare positivement qu'il a tiré les faits qu'il raporte, des Archives des Rois de Perse. Son histoire s'acorde parfaitement avec ce que l'Ecriture Sainte nous aprend de Cirus & de ses conquêtes. Enfin Hérodote lui-même convient que l'histoire de Cirus se racontoit de trois maniéres : qu'il avoit choisi celle qui avoit cours dans l'Ionie, où le peuple étoit mal dis-

moins repréſenté ce qu'avoit été Cirus, que ce qu'il devoit être.

Le fondateur d'un Empire eſt fils de ſa propre valeur; ſes ſucceſſeurs joüiſſent de ſa grandeur & de ſa gloire : il faut que ſur la couronne de ſes mérites, il fonde celle de ſon Etat; qu'elle reſſemble au diamant en éclat & en durée : les uns naiſſent Rois, les autres le deviennent.

Romulus fut un prodige en valeur & en capacité; il fonda la Monarchie Romaine, auſſi conſidérable par ſa durée que par ſa grandeur; il laiſſa à ſes Romains, comme le plus précieux de tous les apanages, cette vertu & cette valeur qui les acompagnérent dans toutes leurs entrepriſes : ils s'emparérent de la plus grande partie du monde; & leur Empire, un des plus petits dans ſon origine, devint par leurs victoires un des plus grands & des plus puiſſants.

Ces héroiques vertus ſont des faveurs de la divine Providence; ce ne ſont point les fruits d'un mérite particulier.

Charlemagne & Conſtantin, fréres par leur grandeur, furent fils de cette élection ſuprême : ils fondérent les deux Empires Chrétiens; l'un en Orient, l'autre en Occident.

Que tous les ſiécles vantent à jamais les vertus qui brillérent dans le véritable (4) Géryon d'Eſpagne; ces trois héros

poſé pour Cirus qui l'avoit réduit en ſervitude. Aujourd'hui la plûpart des Savans rendent juſtice à la fidélité de Xénophon.

(4) Géryon ſuivant la fable avoit trois corps. Cette fable n'eſt fondée que ſur quelques relations Phéniciennes du voïage d'Hercule le Phénicien, & non pas le Grec. On y liſoit que les Phéniciens ayant fait une deſcente près de Cadix, le Roy du pays leur avoit opoſé trois corps de troupes, & qu'Hercule avoit batu les trois têtes de ces troupes. L'Hercule Grec n'a jamais été en Eſpagne. Il y a même des Auteurs Grecs qui diſent que Géryon ne régnoit point en

héros qui élevérent leurs Empires sur celui des Mores, Garcias Ximénés (5) de Sobrarve, Pélage (6) des Asturies, Alfonse Henri (7) de Portugal : leurs Monarchies se sont acruës à l'envi l'une de l'autre ; chacune s'est étenduë en diférentes parties de l'Univers.

Il

Espagne, mais en Epire. Rien de si incertain que ces traits d'histoire dont l'antiquité & la fable, rendent l'éclaircissement presqu'impossible.

(5) Garcias Ximénés fut élu Roy par les Chrétiens, qui s'étoient retirés dans les montagnes entre l'Aragon & la Catalogne. Il combatit valeureusement contre les Mores, & mourut en 778. On compte depuis lui jusqu'à Ramire, le premier Roy d'Aragon, sept successeurs ; mais la suite n'en est pas bien dévelopée. Les Historiens n'expliquent point ce que c'étoit que ce Royaume de Sobrarve, en sorte qu'on auroit aujourd'hui de la peine à décider, si véritablement il y a eu un pays qui se soit ainsi apellé, ou si ce nom ne tiroit son origine que d'un miracle qui eut donné lieu à ces premiers Princes de prendre pour armes, une croix sur un arbre, & pour titre Rois de Sobrarve. Il y a des cartes où se trouve le nom de Sobrarve, comme si c'étoit celui d'une province : cette raison n'est point absolument sufisante pour décider la dificulté.

(6) Pélage issu de la race Royale des Goths, commença de régner en 718, quelque tems après la défaite de Rodéric. Il changea les armes des Rois Goths contre un lion de gueules dans un champ d'argent, qui étoient les armes du Royaume de Léon, & il joignit le titre de Roy de Léon à celui de Roy des Asturies : depuis les Rois ne prirent plus le titre de Rois Goths. Il fut élu Roy par les Chrétiens qui s'étoient retirés dans les montagnes des Asturies. Il combatit les Mores avec succès durant l'espace de 20 ans que dura son régne. Il est toujours représenté armé, une épée nuë à la main, parce qu'il gagna beaucoup de batailles & prit beaucoup de villes.

(7) Alfonse Henri, le premier Roy de Portugal, étoit fils d'Henri de Bourgogne de la Maison de France. Alfonse VI Roy de Castille, pour récompenser Henri de ses services, lui donna sa fille Térasia en mariage ; & lui assigna pour dot une partie de la Galice, & le Portugal à condition qu'il en feroit la conquête sur les Mores. Alfonse Henri naquit de ce mariage : il poursuivit les conquêtes de son Pére ; les Mores étonnés de ses progrès s'assemblérent au nombre de 400 mille hommes commandés par cinq Rois. Ce Prince les défit entiérement, & en mémoire de cette victoire prit pour armes cinq écussons. *Resendius* raporte dans son traité des Antiquités de Portugal, qu'avant la bataille, les principaux Chefs de son armée lui demanderent au nom des soldats la permission de le saluer comme leur Roy ; qu'Alfonse leur répondit, que le titre de leur Général étoit sufisamment honorable, & qu'il n'en envioit point d'autre : que ses Capitaines lui représentérent qu'ils en combatroient avec plus d'ardeur, qu'ils en vaincroient avec plus de gloire, & qu'ils en mourroient avec plus de satisfaction : qu'en même tems le bruit des instrumens militaires & les cris des Soldats se firent

Il faut de la valeur pour acquérir des couronnes, & de la prudence pour les conſerver. Aléxandre ſçut conquérir, mais il n'afermit (8) point ſes conquêtes, ſoit que par envie il ne voulut point qu'aucun de ſes ſucceſſeurs le pût égaler, ſoit que par orguëil il crut que perſonne n'en êtoit capable.

Tamerlan remplit tout l'Orient de terreur, ſans s'aſſurer (9) aucune poſſeſſion : barbare cométe qui diſparut avec la même promtitude qu'elle s'êtoit formée. De nos jours Guſtave Adolfe (10) de Suéde ſembloit vouloir l'imiter.

Je

entendre, *Vie & victoire à Alfonſe Henri, premier Roi de Portugal*. Il place cet événement en l'année 1133.

(8) Cette penſée préſente un ſens faux. Aléxandre conſerva ſes conquêtes : ſon Empire fut partagé après ſa mort entre ſes Généraux, qui par reſpect pour ſa mémoire, ne prirent le titre de Rois que long-tems après : ainſi Aléxandre conſerva ſes conquêtes, mais il ne les tranſmit point à un ſucceſſeur marqué. La Monarchie qu'il avoit conquiſe tomba, non parce qu'Aléxandre n'eut point de ſucceſſeurs, mais parce qu'il en eut trop.

(9) Le vrai nom de Tamerlan êtoit *Timur*. On l'apelle Tamerlan ou plutot *Timurlenk*, c'eſt-à-dire, Timur le boiteux : c'êtoit un Prince Tartare qui deſcendoit par femmes de Ginghis. Il eſt faux qu'il fut fils d'un berger : il naquit l'an 1344 & mourut l'an 1415, après 36 ans de régne : il vainquit Bajazet l'an 1402. Nous avons de lui trois hiſtoires, une par Jean du Bec Abbé de Bellozane, c'eſt un Roman. Cet Abbé dit l'avoir traduite d'un Auteur Arabe, mais on croit qu'il l'a inventée. Une ſeconde de Vaultier, traduite de l'Arabe Ahmet qui chagrin du ſacagement de Damas ſa patrie, fait un portrait afreux de Tamerlan. Une troiſiéme qui eſt la ſeule vraïe a été écrite par un Auteur contemporain, & a été traduite par M. Petis de la Croix. Tamerlan, quoiqu'en diſe Gracian, aſſura la Perſe à ſa poſtérité qui y régna après lui. *Houmayon* ſon petit-fils, établit l'Empire du Mogol dont joüiſſent encore aujourdhui ſes deſcendans.

(10) Le Grand Guſtave ſuccéda à ſon Pére en 1611 à l'age de 18 ans, & ſe rendit formidable à toute l'Europe. Il réſiſta en même tems aux Rois de Danemarc, de Pologne & au Czar de Moſcovie; il prit la Livonie ſur les Polonois; il paſſa la mer en 1630; il ſecourut la ville de Stralſund en Pomeranie, aſſiégée alors par les Impériaux : il les ataqua enſuite dans la même Province, dans le Mekelbourg & ailleurs, remportant victoires ſur victoires. Ce fut avec le même ſuccès qu'il parcourut en deux ans & demi les deux tiers de l'Allemagne. Il fut tué de deux coups de piſtolet dans la bataille de Lutzen le 16 Novembre 1632.

Je ne regarde point comme fondateur d'un Empire celui qui lui a donné quelque principe imparfait, mais celui qui l'a établi & afermi.

Le puissant Empire des Turcs doit beaucoup à Ottoman (11) son premier Empereur, il doit encore plus à Mahomet le conquérant (12) qui l'établit à Constantinople : cet Empire lui est redevable de ses vastes possessions, & de sa puissance redoutable.

Le vaillant Pharamond commença la Monarchie des François, Clovis sacré avec une onction céleste (13) l'établit,

(11) Ottoman n'eut d'abord que le titre de Prince des Turcs, dont il hérita de son Pére. Ce ne fut qu'après les grandes conquêtes qu'il fit dans l'Asie mineure sur les Grecs, qu'il prit la qualité de Sultan, l'an 1296 qui est la véritable époque de l'Empire Ottoman. Il mourut après 26 ans de régne : il est surnommé dans l'Histoire *le Conquérant.*

(12) Mahomet II, dit le Grand, succéda à son Pére Amurat II en 1451, & régna 31 an : Prince courageux, prudent, politique, & plus savant que ne le sont ordinairement les Princes Ottomans ; mais d'ailleurs d'une débauche infame, d'une extrême cruauté, sans probité & sans religion, se moquant également de la créance des Chrétiens, comme de la superstition de ses péres. Il assiégea & prit Constantinople en 1453. Il soumit l'Empire de Trébisonde ; il fit de plus grandes conquêtes que tous les autres Empereurs Turcs. Il prit plus de deux cent villes, & s'il faut ajouter foi à l'inscription qu'il ordonna de mettre sur son tombeau, il avoit dessein de conquérir *Rhodes la forte*, & *la superbe Italie.*

(13) Gracian a pensé comme le P. Daniel, que Clovis a établi la Monarchie des François. *J'apelle*, dit cet Historien, *Fondateur de la Monarchie Françoise dans les Gaules, celui de nos Rois qui s'y est fait un Etat, qui n'en a point été chassé par les Romains, mais qui s'y est maintenu en possession de ses conquêtes, & les a laissées comme un héritage à sa postérité. Peu de nos Historiens ont atribué cette gloire à Pharamond. Nul de ceux qui ont écrit quelques siécles après Grégoire de Tours & Frédegaire, n'hésite à en faire honneur à Clodion son successeur. Tous parlent ensuite de Mérovée & de Childéric, comme de deux Princes déja établis dans les Gaules, qui n'ont fait qu'étendre les limites du Royaume de France ; & nos Modernes les ont suivis aveuglément. Je crois pouvoir montrer que nul de ces Rois avant Clovis, n'est demeuré en possession d'aucune partie de ce qu'on apelle aujourdhui le Royaume de France, & que Clovis a été non seulement le premier Roy Chrétien, mais encore le premier Roy des François dans les Gaules.* Ce sentiment n'a point prévalu ; le tombeau de Childéric trouvé à Tournai, est une forte preuve que ce Roy régnoit en deçà du Rhin. Les Savans modernes ne regardent point Pharamond comme le premier Roy des François ; c'est suivant le sentiment le plus universellement suivi, à Clodion qu'il faut commencer.

blit, la couronnant plus par ses vertus très chrétiennes, que par ses lys (14) ambitieux.

Il y a cependant une grande diférence entre fonder un Royaume, dont les bornes sont renfermées dans celles d'une Province, qui n'est composé que d'une nation ; ou former un grand empire de diverses Provinces & de diférentes nations. Là, l'uniformité des loix, la ressemblance des coutumes, de la langue, du climat, unit, si l'on peut dire, les parties avec elles-mêmes, & sépare le tout de tout ce qui est étranger. Les mers, les montagnes, les riviéres sont les bornes naturelles de la France, ce sont des remparts que la nature a établis pour la conserver : mais en Espagne où la Monarchie est divisée en tant de Provinces, où les nations & les langues sont si diférentes, où les inclinations & les climats sont si oposés ; s'il faut une grande capacité pour en maintenir l'union, il n'en a pas falu une moindre pour la former.

Les

(14) Cette expression n'est pas éxacte & ne s'entend point : cette phrase eut eu un sens plausible, si on l'eût changée de cette maniére, *la couronnant plus par ses vertus très-chrétiennes que par la splendeur de ses lys.* Mais la nécessité de rendre la même pensée que Gracian, m'a mis dans celle de me servir des mêmes termes ; & la pensée est aussi peu juste que l'expression : elle semble faire de Clovis un Prince peu ambitieux, ou au moins un Prince dont l'ambition ne sortit point des bornes que prescrivent les loix du Christianisme. Il ne sufit pas de placer des pensées brillantes & des métaphores ingénieuses, si elles ne sont point éxactement vrayes & si elles déguisent le vrai caractére d'un Prince. Clovis fut un de ceux de son siécle qui se signala le plus par sa valeur & par ses conquêtes ; grand Capitaine, heureux dans l'éxécution des projets qu'il formoit, réglé dans ses mœurs, apliqué au gouvernement de ses Etats tant pour ce qui concernoit la police, que pour ce qui regardoit la Religion ; mais il étoit d'une ambition qui ne se prescrivoit point de bornes, & qui passoit par-dessus toutes les régles. Le désir de se rendre seul & absolu Monarque de toutes les Gaules fut sa passion dominante : s'il avoit sçu la modérer, sa réputation en auroit été plus nette, la fin de sa vie plus innocente ; & l'on n'auroit point blamé dans Clovis Chrétien, des cruautez si oposées à la douceur & à l'humanité qu'on avoit admirées dans Clovis encore Payen.

Les Monarchies ne doivent point toujours leur établiſſement aux mêmes principes : ces principes varient ſuivant la diſpoſition des tems, & le génie des fondateurs. Ainſi Céſar transforma l'Ariſtocratie en Monarchie, il n'eut pas moins de vertus que de couronnes : les Romains avoient conquis la plus grande partie du monde, Céſar ſubjuga les Romains : autant qu'il y eut de Sénateurs & qu'il vainquit de capitaines, ce furent autant de Rois qu'il s'aſſujétit.

Le Grand Conſtantin (15) donna lieu à la naiſſance de la Monarchie Pontificale : il tranſporta ſon Empire en Orient, & fit de ſes armes victorieuſes un rempart à l'Egliſe : il facilita la réduction de tout le monde ſous le joug de la foy ; ſes ſucceſſeurs n'ont point ſçu finir ce qu'il avoit commencé ; ils n'ont point ſçu profiter des circonſtances qu'il leur avoit préparées.

Iſmael Sophi (16) fut doublement grand par ſa valeur & par ſa prudence. Il établit ſon Empire, non ſur les ruïnes d'une

(15) Conſtantin premier Empereur Chrétien fit bâtir la ville de Conſtantinople, où il tranſporta le ſiége de l'Empire qui étoit à Rome ; mais néanmoins cette ville & toute l'Italie demeura ſous ſa domination ; & après lui paſſa ſous celle de ſes ſucceſſeurs. Les Papes doivent l'établiſſement & la confirmation de leur Monarchie à Pépin, à Charlemagne & aux Rois de France leurs ſucceſſeurs. Pépin s'acquit l'Italie par droit de conquête ſur les Lombards qui l'avoient uſurpée ſur les Empereurs Grecs, à qui leur foibleſſe ne permettoit plus de protéger les Papes contre l'injuſtice & la violence des Tirans. Charlemagne, Louis le Débonnaire & Charles le Chauve ratifiérent ſucceſſivement les donations de leurs prédéceſſeurs & les augmentérent.

(16) Iſmael Sophi étoit du ſang d'Hali, dont il fit revivre la ſecte. Il fut aimé des Soldats qui venoient de tous cotés ſe ranger ſous ſes étendarts. Il rétablit la Monarchie des Perſans, l'augmenta conſidérablement, ſubjuga la Méſopotamie, & réduiſit le Sultan de Babilone. Il étoit contemporain de Sélim Empereur des Turcs ; tous deux jeunes, ambitieux, vaillans, entreprenans, cruels & heureux dans leurs entrepriſes. Sélim entra dans la Perſe, enleva Tauris ; mais il fut batu dans ſa retraite au paſſage de l'Euphrate. Ces deux Princes furent l'un à l'autre un obſtacle à l'acroiſſement de leur grandeur.

d'une Monarchie chancelante, mais en enlevant aux Ottomans leurs plus belles conquêtes, en arrêtant le cours de leurs ſuccès, lorſqu'il ſembloit que leur puiſſance êtoit dans ſon plus haut période; il fut l'inſtrument dont ſe ſervit la divine Providence, toujours atentive à la conſervation du nom Chrétien, pour rabatre l'orguëil de cette Nation enflé par une ſuite continuelle de victoires.

La ruſe eſt une maniére particuliére de fonder un Etat : elle conſiſte à ſaiſir l'ocaſion. Après que les Princes Chrétiens eurent, par des guerres inconſidérées, conſumé alternativement leurs forces, épuiſé leurs tréſors, détruit leurs armées, les Turcs (17) profitant de leur foibleſſe les ataquérent, enlevérent tout ſans réſiſtance : les hiſtoires ſont plus remplies d'accidens que de combats.

La barbare Afrique vit ſon ancienne gloire renouvelée dans ſon ſage Xérif (18) doublement héros, valeureux & politique.

Ginghis

(17) C'eſt à l'animoſité des Princes Chrétiens que l'on doit reprocher la deſtruction de l'Empire des Grecs, l'établiſſement de celui des Turcs, & le peu de ſuccès des Croiſades. Un de ceux qui ſçut le mieux diviſer ſes énemis & profiter de leur diviſion, fut ORCHAN fils & ſucceſſeur d'Ottoman. Il n'eut pas moins d'habileté, de prudence & d'ambition que ſon pére. Il êtoit libéral envers les Chrétiens, & tâchoit de ſe les atirer, ce qui lui réuſſit avec tant de bonheur que leurs diſſenſions lui acquirent plus de lauriers que ſes propres forces. Il prit pour femme la fille de l'Empereur Cantacuzéne, & à la faveur de la guerre que ce Prince fit à l'Empereur Paléologue, dont il devint le concurrent après en avoir êté le tuteur, il ſe rendit maitre de la ville de Nicée. Dans les guerres qu'il eut avec diférens Princes d'Aſie, tantôt ligué avec l'un, & tantôt avec l'autre, il ſe ſervoit ſucceſſivement de leurs forces pour les détruire.

(18) Xérif ou Zédamet donna commencement à l'Empire des *Chérifs*, qui ſe rendirent inſenſiblement maitres des Royaumes de Fès & de Maroc. Il s'êtoit retiré dans le déſert pour y mener une vie ſolitaire, & s'atirer la vénération des peuples. Il n'en ſortit que pour faire la guerre aux Portugais & aux Chrétiens : animant ſes fils de l'aparence de ſon zéle, il ſe ſervit de leur diſpoſition à la profeſſion des armes pour s'élever ſur le Trone, & il y réuſſit par la force & la fourberie ſoutenuë d'une grande aparence de religion. Il en tranſmit la ſucceſſion

Ginghis (19) émule d'Aléxandre, envieux de ſa gloire, conquit tout l'Orient depuis les murailles de la Chine, juſqu'aux forêts de Moſcovie. Il commanda toute la Tartarie ſous le nom de GRAND KAM : il laiſſa à ſes ſucceſſeurs le ſoin de ſoutenir ce grand nom.

Dans tous ces fondateurs de Monarchie, la grandeur d'ame correſpondit à celle de leur Empire. Peu de leurs ſucceſſeurs les égalérent : aucun (20), même de ceux qui étendirent les bornes de leur Etat, ne les ſurpaſſa en valeur.

Le rang que le ſoleil tient parmi les aſtres, Ferdinand le Catholique le tient parmi ces héros. La nature l'orna de ſes qualités, la fortune le combla de ſes faveurs, la renomée l'honora de ſes aplaudiſſemens, le ciel le revêtit de toutes les grandes vertus qui brillérent dans les Rois fondateurs : l'Empire qu'il établit, jouit de tout ce qu'on admire de meilleur dans toutes les autres Monarchies : il réunit pluſieurs Couronnes en une ſeule (21), & un monde ne ſufiſant point à ſa grandeur, ſa capacité & ſon bonheur

à ſes deſcendans, ſous le nom de CHÉRIF qui ſignifie *perſonnage ſage*.

(19) Le vrai nom de Ginghis étoit *Temuſin*, car Ginghis eſt un ſurnom qui ſignifie Conquérant. Il naquit l'an 1154, d'un petit Prince Tartare. Il a été un très-grand Prince & un très-grand héros, & ce n'eſt point une éxagération que de le comparer à Aléxandre. Il tranſmit ſes conquêtes à ſes ſucceſſeurs avec le nom de *grand Kam*, & pluſieurs (quoiqu'en diſe Gracian) le ſoutinrent avec dignité. La poſtérité de ce Prince régne encore aujourd'hui en Tartarie ſur les Uſbecs.

(20) Cette penſée eſt trop générale, & l'Hiſtoire pourroit produire pluſieurs éxemples qui lui ſeroient contraires. Ce ne ſera point la ſeule penſée de Gracian, qui ait beſoin de reſtriction.

(21) Ferdinand poſſéda toute l'Eſpagne, excepté le Portugal. Son mariage avec Iſabelle réunit l'Aragon à la Caſtille, & ſous ſon régne l'Eſpagne monta à un ſi haut dégré de grandeur & de puiſſance que depuis, elle a donné de la terreur ou de la jalouſie à tous les autres Etats de l'Europe. Sous Philippe II, tous les Royaumes d'Eſpagne furent ſoumis à un ſeul Monarque : cette union dura peu, & ſous Philippe IV ſon petit-fils, les Portugais révoltés ſe donnérent un Roy.

heur lui en découvrirent un autre (22). Il aſpiroit à orner ſon front des pierres orientales, ainſi qu'il avoit fait des perles (23) occidentales : ſi de ſes jours il n'en vint point à bout, il en enſeigna le chemin aux Princes que ſon alliance rendit ſes ſucceſſeurs. Il employoit l'art, où la force ne pouvoit avoir lieu.

Ferdinand fut de la race héroïque des Rois d'Aragon, toujours féconde mére (24) de héros.

Une

(22) L'Amérique fut découverte en 1492 par Chriſtofle Colomb, à qui Ferdinand après ſept années de ſolicitations avoit donné le commandement de trois vaiſſeaux. Il avoit été auparavant refuſé par les Génois, par le Roy de Portugal, & par le Roy d'Angleterre qui avoient traité ſes propoſitions de chiméres. Chriſtofle Colomb entreprit cette glorieuſe découverte ſur les mémoires que lui remit un Pilote, dont le vaiſſeau allant en Afrique avoit été jetté par les tempêtes aux côtes de l'Amérique.

(23) De ces expreſſions métaphoriques, l'une ſignifie les projets de Ferdinand contre les Turcs, & l'autre ſes conquêtes en Amérique. Ferdinand envoya en 1481 des Ambaſſadeurs aux Princes d'Italie, pour former une ligue contre le Turc. Elle n'eut point d'éfet; & loin de les ataquer, on fut réduit à ſe défendre. Pour les conquêtes d'Afrique, elles ne furent pas les fruits des travaux de Ferdinand, mais de ceux du Cardinal Ximénés. Ce Prélat diſgracié par Ferdinand, qu'il avoit toujours bien ſervi, leva une armée de 16 mille hommes avec ſes propres deniers, & la conduiſit lui-même en Barbarie. Il devint Capitaine dans le peu de tems qu'il employa à paſſer le trajet de la Méditerranée, qui ſépare l'Eſpagne & l'Afrique : il en pratiqua d'abord la fonction la plus dificile, qui conſiſte à apaiſer par ſa ſeule autorité des ſéditions toutes formées. A peine fut-il débarqué, que les Soldats prirent le premier prétexte qui ſe préſenta pour demander leur retour. Ximénés alla ſe mettre au milieu d'eux, ſaiſit au colet le plus factieux, le fit éxécuter à mort ſur le champ, & intimida les autres de ſorte qu'il ne leur arriva plus de ſe ſoulever. Oran & Melille furent priſes, Bugie & Tripoli rendus tributaires; & Ximénés s'en retourna dans ſon Egliſe de Tolède avec tant de gloire & de dépouilles, que Ferdinand n'oſa plus penſer à lui.

(24) Quand on ne ſçauroit pas que Gracian fut Aragonois, on le connoitroit par cette penſée qu'il ſemble répéter avec plaiſir dans pluſieurs endroits de cet Ouvrage, & je n'en ſuis pas ſurpris ; car on louë volontiers ſa patrie lorſqu'on la peut louer avec vérité. En éfet il y a eu peu d'Etats, où de grands Rois aient ſuccédé à de grands Rois, avec plus de conſtance qu'en Aragon. La néceſſité de faire la guerre aux Mores, le peu de revenu afecté à la Couronne, les éxemples de leurs ſujets & le mépris où ils ſeroient tombés; mais plus encore les loix de l'Etat les rendirent tous guerriers. Quelques-unes de ces loix méritent d'être raportées à cauſe de leur ſingularité. Les Aragonois après

Une naiſſance diſtinguée aplanit beaucoup le chemin de la gloire : don précieux, éfet manifeſte de la divine Providence! Il ſemble que de même que l'on hérite des propriétés naturelles, on hérite auſſi des propriétés morales; des faveurs & des diſgraces de la nature & de la fortune.

Il y a des familles où le bonheur ſemble héréditaire, il y en a d'autres que le malheur ſemble pourſuivre. La Maiſon d'Autriche (25) a toujours été très-heureuſe, elle a toujours

avoir ſecoüé le joug des Mores, réſolurent de ſe faire un Chef, pour ne pas vivre dans l'Anarchie; mais avant que de le choiſir, ils établirent un Chef de l'Etat, nommé *el Juſticia*, qui eut ſoin de veiller ſur la conduite du Roy & l'autorité de lui faire le procès devant les Etats, lorſqu'il violeroit les loix. Ils mirent ce *Juſticia* hors de la puiſſance du Roy, n'ayant à rendre compte de ſa conduite qu'aux ſeuls Etats du Royaume. Lorſque le Roy étoit reçû, il faloit qu'il jurât ſolennellement de conſerver les priviléges du Pays, à genoux & tête nuë devant le *Juſticia* qui étoit couvert & aſſis ſur un ſiége élevé. La forme de l'inſtallation du Roi étoit celle-ci, *Nous qui valons autant que vous, vous faiſons notre Roy & Seigneur, ſous condition que vous garderés nos Loix & nos Libertés*; *ſinon, non*. Cette coutume dura juſqu'à la fin du XIe ſiécle, que Pierre I indigné contre cette cérémonie qui aviliſſoit ſi fort le pouvoir & la Majeſté Roïale, fit tant par ſes brigues, par ſes priéres & par des ofres d'autres priviléges, qu'il en obtint l'abolition dans une Aſſemblée des Etats. Ferdinand étoit non ſeulement de la race des Rois d'Aragon, mais il étoit encore Aragonois. Il naquit à Sos, petit endroit peu éloigné des frontiéres de la Navarre. Le Roy Jean ſon pére ayant été obligé d'aller au Royaume de Valence pour y apaiſer quelque ſédition, laiſſa la Reine pour gouverner en ſon abſence : elle alla au Royaume de Navarre, & lorſqu'elle ſentit ſon terme peu éloigné, elle reprit le chemin d'Aragon, & acoucha aux frontiéres d'Aragon, afin que l'on pût dire que ſon fils étoit né Aragonois.

(25) Pour ſe convaincre de cette vérité, il n'y a qu'à ſe rapeller les acroiſſemens de cette Maiſon, & conſidérer par quel tiſſu d'accidens heureux, elle eſt parvenuë à ce point de grandeur où elle ſe trouve. Rodolphe I, que l'on doit regarder comme le Chef de cette Maiſon, étoit un Comte d'un Chateau nommé Hapſbourg, ſitué entre Bâle & Zurich dans l'Argovv; c'étoit la principale place de ſes petits Etats. Il fut élu Empereur en 1273 après un interrégne de 17 ans, & le refus d'Ottocar Roy de Bohéme à qui l'Empire avoit été ofert. Il tira de grandes ſommes des principales villes d'Italie à qui il vendit le privilége de ſe faire des Magiſtrats; il mit dans ſa Maiſon les Duchés d'Autriche & de Soüabe qui vinrent à vaquer durant ſon régne; & ce n'eſt que depuis ce tems, que ſa Maiſon a été apellée Maiſon d'Autriche. Albert ſon

toujours triomphé des éforts & des ruses de ses énemis.

Celle

fils fut élu Empereur, & s'assura la possession de l'Empire sur son compétiteur Adolfe de Nassau, par douze batailles où il se trouva en personne; & quoiqu'il en perdit quelques-unes, il ne perdit rien de sa réputation de grand Capitaine. Il épousa Elizabeth fille de Maynard, Comte de Tirol, de la Carinthie, & d'une partie de la Carniole: cette succession fut recueïllie par Rodolfe son petit-fils. Albert II, petit neveu de ce Rodolfe, fut choisi pour Empereur en 1438. Il étoit déja Roi de Bohéme & de Hongrie: Amurat Empereur des Turcs tenant la ville de Belgrade assiégée depuis un an, Albert vint la secourir à la tête d'une armée; Amurat ne mit point le bonheur de ce Prince en compromis, & leva le siége au seul bruit de son aproche. Maximilien Empereur, réunit tous les biens de sa Maison, & y ajouta la Bourgogne & les Païs-Bas, par son mariage avec Marie héritiére de Bourgogne. Il falloit pour le bonheur de la Maison d'Autriche, qu'il régnât alors en France un Louis XI envieux & jaloux de l'élévation de son propre fils; il s'oposa au mariage de ce fils avec cette Princesse, & laissa passer ces biens dans une maison dont on ne craignoit rien alors, & qui depuis ne s'est renduë que trop formidable. Maximilien fut le premier qui prit dans ses lettres le titre d'Archiduc d'Autriche, avec les prérogatives extraordinaires qui y sont atachées. Philippe son fils épousa Jeanne d'Espagne, dite la Folle, fille & héritiére de Ferdinand le Catholique; en sorte qu'il semble que ce Roy n'avoit réuni presque tous les Royaumes d'Espagne que pour la Maison d'Autriche. Charlequint son fils fut le plus grand Prince de sa Maison, & le plus grand de ses prédécesseurs à l'Empire depuis Charlemagne. Son bonheur a bien paru, puisqu'il n'y a peut-être jamais eu de Prince mieux servi que lui, & qui ait si peu mérité de l'être par son peu de reconnoissance: Ferdinand son ayeul maternel est le seul peut-être qui pût sur cet article entrer en paralléle avec lui. Charles donna à son fils les Etats d'Espagne, & se démit de l'Empire en faveur de Ferdinand son frére, en lui donnant en partage pour lui & sa postérité les Etats héréditaires de la Maison d'Autriche en Allemagne: il mit cette condition qui est remarquable, parce que le cas qu'il avoit prévu est sur le point d'arriver; sçavoir qu'au défaut de postérité masculine, ces biens passeroient aux Princes issus par femmes des ainés & non des puinés. Il y a encore d'autres raisons plus fortes & plus essentielles; mais l'Empereur Charles VI, apuyé du consentement de ses Etats, prétend que toutes ces Loix ne doivent point avoir lieu. Ferdinand est tige de la Branche Impériale; il épousa Anne, fille & héritiére de Ladislas Roi de Bohéme & de Hongrie: il acquit par ce moyen ces deux Royaumes, qui bien qu'électifs sont toujours demeurés depuis à sa postérité, ainsi que l'Empire. Léopold Pére de l'Empereur d'aujourdhui a porté plus loin qu'aucun de ses prédécesseurs les prétentions & les droits de la Maison d'Autriche. La France & ses autres énemis l'ont réduit à de rudes épreuves, & il en est sorti avec gloire, sans avoir exposé sa personne aux périls de la guerre. Son fils l'Empereur d'aujourd'hui a plus agrandi sa Maison par le Traité de Rastat du 6 Mars 1714, qu'elle ne l'avoit été depuis l'éclat que lui avoit laissé Charlequint, étant demeuré maitre du Royaume de Naples & de Sicile, du Duché de Milan & des Pays-Bas qui étoient auparavant à l'Espagne, outre le Duché de Mantouë qu'il gar-

Celle de Valois (26) au contraire a été afligée par de continuels revers. Les femmes mêmes que leur ſexe ſembloit

de, ne voulant point en donner l'inveſtiture à perſonne.

(26) Sans entrer dans l'hiſtoire détaillée de cette Maiſon, il ſufit pour donner une juſte idée de ſes malheurs, de s'arrêter au Prince Chef de cette branche & à ceux de ſes deſcendans qui ont porté la couronne. Charles de Valois, fils de Philippe le Hardi naquit en 1270. Le Pape Martin IV lui donna l'inveſtiture du Royaume d'Aragon; Boniface VIII lui promit l'Empire d'Allemagne; il ſe donna la qualité d'Empereur de Conſtantinople du chef de Catherine de Courtenai ſa femme. Ce Prince eut des titres & n'eut point d'Etats. Il fut fils de Roi, frére de Roy, oncle de trois Rois, & pére de Roy, ſans être Roy, étant fils de Philippe le Hardi, frére de Philippe le Bel, oncle des Rois Louis Hutin, Philippe le Long & Charles le Bel, & enfin Pére de Philippe de Valois. Ce fut ſous ce dernier, ſecond Prince de cette Maiſon, que commencérent les guerres des Anglois, ſoutenus par Robert d'Artois & Jean de Montfort. Le Roy perdit Calais que l'on n'a repris que 210 ans après: Cette ville fut priſe peu après la bataille de Créci en Ponthieu, où il périt trente à quarante mille François, le Roy de Bohéme, & le Duc d'Alençon frére du Roy; le Roy lui-même y reçut deux bleſſures, & faîllit à y perdre la vie. Jean ſon fils & ſon ſucceſſeur fut pris par les Anglois, obligé de faire un Traité honteux, & fut plus malheureux encore par le doute outrageux qu'on fait à ſa bonne foy, ſi elle procédoit d'amour ou de vertu. Charles V ſe rendit ſupérieur aux Anglois par ſa ſageſſe & ſa prudence, par la valeur & l'habileté de Bertrand du Gueſclin & du Maréchal de Boucicaut ſes Généraux; mais il ne put éviter le poiſon que lui donna un Prince de ſon Sang, Charles II Roy de Navare. Les Anglois enlevérent à Charles VI la plus grande partie de la France: ce Prince devint ſujet à des accès qui le mettoient hors d'état de gouverner. Les prétentions des Ducs d'Orléans & de Bourgogne à la Régence, firent naitre entre eux des diſſenſions qui afligérent l'Etat de mille maux. Le Roy qui ſembloit ne vivre que pour continuer d'être malheureux, les connut & ne put y remédier. Il fallut à Charles VII pour vaincre le malheur ataché, pour ainſi dire, à ſa Maiſon, la main du Tout-puiſſant. La valeur de la Pucelle d'Orleans releva la dignité du Trone. Ce Prince eût été heureux, s'il n'eût point eu un fils qui ſe fût révolté contre lui. La crainte qu'il eut d'être empoiſonné lui fit garder une ſi longue abſtinence, qu'il en mourut. Louis XI fut univerſellement haï; les premiers de ſon Etat ſe liguérent contre lui, & il fut obligé d'entrer en compoſition avec eux: ſa défiance le tourmenta encore plus qu'elle ne tourmenta les autres. La crainte de la mort & celle de perdre ſon autorité, lui firent faire dans ſa derniére maladie des choſes extravagantes. Charles VIII céda à Ferdinand le Catholique, les Comtés de Rouſſillon & de Cerdaigne, pour l'engager à ne point donner de ſecours à Ferdinand Roi de Naples; il entre en Italie à grands frais, en ſort avec de grands riſques; il perd en même tems le Rouſſillon & Naples. Le gain de la bataille de Fornouë ne le rend point heureux: cette victoire l'empêche ſeulement d'être plus malheureux. Le régne de Louis XII fut

bloit devoir garentir de ces malheurs, n'en furent point éxemptes.

D'autres Races sont belliqueuses par nature & par inclination, comme celle de (27) Bourbon, source de grands Capitaines :

rempli de guerres qui obligérent ce bon Roy à introduire en France la vénalité des Charges. Ce Prince trop sincére, fut toujours la dupe des fourberies de Ferdinand. François I, qui eut également les vices & les vertus des héros Romanesques, fut successivement compétiteur, énemi & prisonier de Charlequint. Ce fut sous Henri II que commencérent à se glisser en France les hérésies qui lui devinrent si funestes: Dieu pour le châtier du duel de Jarnac & de la Chataigneraie qu'il avoit autorisé, & dont il avoit voulu être le spectateur, permit que ce Prince périt dans un combat qui en étoit l'image. François II n'eut point le tems de régner: la jalousie des Princes que fit naitre la trop grande élévation de la Maison de Guise furent les causes de la guerre, à qui la Religion servit de prétexte. Les troubles de la Religion, l'ambition des Guises, la révolte des Princes, les injustices, les combats & les meurtres rendirent funeste le cours du régne de Charles IX. Henri III dernier Roy de la branche des Valois, vécut méprisé, & mourut poignardé.

(27) Le plan généalogique de la Maison de Bourbon, fera connoitre avec ordre les héros de cette Maison.

MAISON DE BOURBON.

Saint Loüis.

Robert *de Clermont.*

Loüis *Duc de Bourbon.*

Pierre.	Jacques *Comte de la Marche.*	
Loüis II.	Jean.	*Branche de* Carenci, *éteinte.*
Jean I.	Jacques.	
Loüis *de Montpensier.*	Loüis.	
Gilbert.	Jean.	
Charles *Connétable.*	François *Comte de Vendome.*	Loüis *de la Roche suryon.*
		Loüis *de Montpensier.*
		François.
		Henri.
	CHARLES DE BOURBON *Duc de Vendome & son frére* François *Comte de S. Paul.*	Marie *épouse* Gaston *Duc d'Orleans.*

CHARLES DE BOURBON, Duc de Vendome, est tige de toutes les branches subsistantes.

SUITE DE LA MAISON DE BOURBON.

CHARLES *Duc de Vendome.*

Antoine *Roy de Navarre.*	François, *Comte d'Anguien.*	Jean, *Duc d'Anguien.*	Loüis *Prince de Condé.*	
Henri IV.			Henri.	*Branche de* Soissons. *éteinte.*
Loüis XIII.	*Branche d'*Orleans.		Henri II.	*Branche de* Conti.
Loüis XIV.			Loüis II.	
Loüis *Dauphin.*	*Branche d'*Espagne.		Henri Jules.	
Loüis 2e *Dauphin.*			Loüis *Duc de Bourbon.*	
Loüis XV.			+	
N. *Dauphin.*				

Les Espagnols qui sont presqu'outrez en tout, ne le sont point lorsqu'il s'agit de louer les François, & cette antipathie de Nations, qui rejaillit jusques sur les Princes, devient une preuve de la vérité des éloges qu'ils leur donnent. Robert Comte de Clermont, fils du Roy Saint Louis, est la tige de la Maison de Bourbon. Louis Duc de Bourbon fils de Robert, sauva les débris de l'armée à la journée de Courtrai en 1302: Sa prudence & sa valeur contribuérent beaucoup à la victoire de Mons en Puelle en 1304. Un autre Louis petit-fils de celui-ci, alla faire la guerre en Afrique, où il assiégea Tunis en 1390, & obligea les Infidéles à faire la paix à des conditions avantageuses aux Chrétiens. On raporte un trait de son bon cœur trop remarquable pour être omis. Son Procureur Fiscal lui donnant un mémoire de plaintes contre quelques Gentilshommes, il lui demanda où étoit le mémoire des services qu'ils lui avoient rendus, & comme il n'en avoit point, ce Prince jetta l'autre au feu. Un autre Louis Comte de Montpensier signala sa valeur à la prise de Capouë, & de Naples où il fut un des premiers sur le rempart. Ce Prince qui étoit au-dessus des périls par sa grandeur d'ame, étant allé à Pouzol visiter le tombeau de son Pére, qui étoit mort en servant le Roy, & aïant voulu voir son corps par un excès de tendresse, versa un torrent de larmes, & fut saisi d'une si vive douleur, que la fiévre lui prit & qu'il en mourut. Son petit-fils Charles de Bourbon, Connétable, servit sous Charlequint contre la France, qui regréta de ne l'avoir point assez ménagé. François, Comte de Vendome bisayeul d'Henri IV, rendit de grands services au Roy Charles VIII, & sur-tout à la bataille de Fornouë: il mourut à Verceil, & la Vigne Auteur contemporain raporte que *le Roy en fut si marri, que nul ne pouvoit le reconforter... & voulut que semblable honneur fut fait à l'enterrement du corps, que si ce Prince eût été son propre frére.* François Comte de Saint Paul, fils de ce Prince fut un des grands Guerriers de son siécle. Il montra une valeur extraordinaire à la bataille de Marignan, & il fut fait Chevalier par le célébre Bayart, des mains duquel François I lui-même avoit voulu être fait Chevalier: il secourut la Ville de Méziéres assiégée par les Impériaux, prit Mouzon & Bapaume, défit les Anglois au combat du Pas, & soumit presque toute la Savoye au Roi. Louis de Montpensier, bisayeul de Marie de Bourbon, mariée à Gaston de France frére de Louis XIII, se signala dans plusieurs actions, & contribua particuliérement au succès de la bataille de Jarnac, & plus encore à celui de la bataille de Moncontour. Il fut heureux, & mérita de l'être par son atachement à la vraië Religion & à son Roy. François son fils & Henri son petit-fils ne furent pas moins distingués par leur valeur & par leur habileté dans le métier de la guerre, par leur religion & leur sagesse dans toute leur conduite. François fut un des premiers à reconnoitre le Roy Henri IV, à qui il rendit de grands services; il mourut des fatigues qu'il avoit essuyées au siége de Rouen. Henri mourut d'une blessure qu'il reçut au siége de Dreux en 1592: il fut universellement regrété, sur tout du Roy Henri IV, qui dit à son ocasion: *Comment ne pas regréter un homme fidéle à Dieu, à son Roy, à tous ses amis.* François Comte d'Anguien, frére d'Antoine de Bourbon Roy de Navarre, donna de si bonne heure des marques de son courage, que François I lui confia à l'âge de 24 ans la conduite d'une armée. Il gagna la victoire de Cérisoles sur Du Guast, Général des troupes de Charlequint dans le Milanois. Sa promte mort ne laissa qu'à peine le tems de concevoir des espérances. Jean Duc d'Anguien son frére fut également valeureux, il se trouva à la bataille de S. Quentin où il revint à diverses fois à la charge, y reconduisant toujours ce qu'il pouvoit ranimer de nos troupes, jusqu'à ce qu'il reçut un coup de mousquet qui le renversa de dessus son cheval: il mourut de cette blessure, n'ayant que 29 ans. Dans la branche de Bourbon Condé, les héros ont succédé aux héros. Louis de Condé qui en est le premier, assembla les débris de l'armée après la bataille de Saint Quentin, & rassura l'Etat: devenu Chef du parti des Huguenots, il fit trembler le Royaume. Henri de Condé fut d'un mérite égal à celui de son Pére, mais il suivit sa religion & sa révolte. Il fut l'aïeul de ce fameux Loüis, dit le Grand Condé, qui a fait la gloire de la France & l'admiration de son siécle par la multitude de ses exploits & de ses conquêtes, & par l'étenduë de son esprit & de sa capacité. Il mourut non moins illustre par les sentimens de piété qu'il fit paroître dans ses derniers momens, que par les actions de héros qui ont marqué toutes les années de sa vie. Henri Jules de Bourbon, digne fils d'un si grand homme, n'a pas été moins distingué par ses grandes qualités pour la guerre, que par la finesse de son discernement, & par son génie pour ce que les sciences ont de plus subtil. Louis de Condé son fils signala son courage au combat de Steinkerque où il vint plusieurs fois à la charge contre les énemis. Il ramena aussi plusieurs fois contre eux dans la bataille de Nervinde les troupes presque rebutées, & contribua particuliérement au succès de cette action, une des plus mémorables du siécle passé. Henri IV, le premier Prince de sa Maison élevé sur le Trône de France, se rendit également redoutable à ses énemis par sa valeur, cher à ses Peuples par une bonté véritablement paternelle, & respectable à toute l'Europe par les qualitez les plus éminentes pour soutenir & gouverner par lui-même un grand Empire. La vertu de Louis XIII fut particuliérement la bravoure. Il en donna de grandes preuves au siége de Montauban, & en diverses autres ocasions. Il êtoit vif, & extrémement brave. Les Historiens qui ne l'ont point représenté tel, n'ont point connu son véritable caractére. Louis XIV commença de vaincre en commençant à régner. Son régne fut marqué par les événemens les plus éclatans, & les plus singuliers qui soient arrivés depuis le commencement de la Monarchie. Toutes les Nations de l'Europe ont fait à l'envi son éloge. Dans la pompe funébre que l'Empereur lui fit faire, on li-

Capitaines : ſon union avec celle d'Autriche (28), nous promet dans notre Séréniſſime (29) Prince, la valeur ſecondée du ſuccès pour devenir Monarque de l'Univers.

La famille des Céſars fut ſtérile en ſucceſſeurs : le nombre en fut petit, & celui de leurs vertus le fut encore plus. Châtiment ordinaire de la tiranie.

Il y a des familles où les Princes ſont lents à ſe former, mais lorſqu'une fois ils ont commencé, les progrès ſont auſſi vifs & auſſi promts, que les principes en ont été tardifs.

Les Princes iſſus de la maiſon Royale d'Aragon furent habiles pour le gouvernement ; tous ſecrets, politiques, éclairés, belliqueux, prudens : félicité rare & enviée de tous les autres Etats.

Ferdinand ne nacquit point dans l'oiſiveté, ni parmi les délices du Roi Jean ſon pére : le feu des (30) bombes éclaira

ſoit en maniére d'inſcription ces paroles à la ſuite du récit de ſes vertus : *La mort par ſes coups redoublés porta la déſolation dans ſa famille ; Tout fut ébranlé excepté l'ame de Louis, qui frapé comme pére, comme ayeul, & comme biſayeul, parut n'avoir rien perdu, ne perdant rien de ſa fermeté, & ne pouſſant des ſoupirs au Ciel que pour s'en aſſurer le chemin.*

(28) Philippe IV avoit épouſé Iſabelle de France fille du Roi Henri IV. Les Eſpagnols dont cette Princeſſe avoit eu le talent de ſe faire aimer, diſoient qu'elle avoit ſçu allier la politeſſe Françoiſe avec la gravité Eſpagnole.

(29) Gracian nommoit ce Prince dans la phraſe qui ſuivoit. *Son Royal nom en eſt un Oracle, BAltAſAr REy, étant composé des quatre voyelles par leſquelles commence le nom des quatres parties du monde, en préſage de ce que ſa puiſſance & ſa gloire doivent les remplir.* Cet éloge eſt trop recherché. Ce Prince mourut à Saragoce à l'âge de 17 ans. Quelques-uns diſent qu'il fut étoufé au ſortir du bain, & que la jalouſie que fit concevoir aux premiers Seigneurs de l'Etat, une repartie qui lui échapa, fut la cauſe de ſa mort. Allant de Madrid à Saragoce, ce Prince s'informoit à qui apartenoient les diférentes terres à droite & à gauche de ſon chemin, & frapé de la puiſſance de pluſieurs Seigneurs, il dit avec une vivacité mêlée d'aigreur, Eſt-ce que le Roy n'eſt Roy que des grands chemins ? D'autres diſent plus ſimplement, & peut-être plus véritablement, que ce Prince mourut de ſes débauches.

(30) L'uſage des bombes n'étoit point connu du tems de Ferdinand : l'imagination échaufée de Gracian lui fait ſouvent avancer des choſes peu éxactes.

éclaira ſa naiſſance,les triomphes des victoires multipliées, furent les réjouiſſances de la Cour.

Le Prince enfant fut aſſiégé dans le Chateau de Girone avec la Reine Jeanne (31) ſa mére, cette amazone Caſtillane qui commanda pluſieurs armées en Navarre, en Aragon, & en Catalogne : on vit des jours où plus de cinq mille bales furent tirées contre la mére & l'enfant. Le feu, comme au Phénix, aſſûra davantage leur triomphe. Tous les Royaumes ſembloient s'être conjurés contre Ferdinand enfant, pour n'en avoir rien à craindre lorſqu'il ſeroit devenu homme.

D'une éducation héroïque ſort un héros. Le vaſe retient longtems l'impreſſion de la premiére liqueur bonne ou mauvaiſe. L'aigle forme ſes généreux aiglons pour devenir Rois des oiſeaux aux purs rayons du ſoleil. Un héros doit être élevé en enviſageant toûjours ceux de l'honneur & de la vertu.

Il ſervit beaucoup à Henri IV, Roy de France pour devenir Roy, d'avoir été tranſporté du berceau à la tente.

Les ſouliers de corde de Sanche (32) l'Aragonois, furent

(31) Jean II, Roy d'Aragon avoit épouſé en premiéres nôces Blanche fille & héritiére de Charles III, Roy de Navarre. Il en eut Charles de Viane, Blanche mariée à Henri IV, Roy de Caſtille, & Eléonore qui aporta cet héritage dans la Maiſon d'Albret, d'où il eſt paſſé dans celle de Bourbon. Il ſe maria en ſecondes nôces à Jeanne Henriquez fille de Frédéric, Amiral de Caſtille, & il eut de ce ſecond mariage Ferdinand le Catholique. Les Navarrois & les Catalans qui s'étoient révoltés, ſe joignirent au Roy de Caſtille, énemi de Jean, & vinrent inveſtir la Reine & Ferdinand ſon fils dans Girone. La Ville fut priſe, & le Château étoit ſur le point d'être forcé, lorſque les François joints à l'armée d'Aragon firent lever le ſiége. Les guerres civiles & étrangéres qui troublérent continuellement le régne de Jean II, l'obligérent à confier ſouvent une partie du gouvernement à la Reine, & à y introduire ſon fils Ferdinand auſſi-tôt qu'il en fut capable ; ce qui ne contribua pas peu à former ce Prince à la politique.

(32) C'eſt de Sanche II Roy d'Aragon que parle Gracian. Ce Prince rem-

rent plus glorieux que la chaussure précieuse des autres Princes : celle-ci s'est réduite en poudre, & a cessé d'être ; la mémoire des autres illustre leur héros.

Jacques (33) d'Aragon, fameux conquérant, fut abandonné par son pére même, le Roi Pierre. Il en fut haï avant que d'être né : son pére se repentoit de lui avoir donné l'être, & lui refusa (ce qui est le plus essentiel) l'éducation : mais dans ce qui sembloit ne pouvoir que lui être funeste, il trouva la cause de son bonheur. Le valeureux Comte Simon (34) de Montfort lui servit de pére. L'on doit élever ses enfans, comme s'ils étoient ceux d'un autre ; & ceux d'un autre, comme les siens propres. On lui

porta plusieurs victoires sur les Mores, & après un régne de 37 ans, périt dans une bataille contre les Castillans. Il est surnommé *Abarca* du nom d'une chaussure que les Espagnols nomment *Abarcas*, & que ce Prince afectoit de porter. Ce sont des souliers comme en portent encore aujourd'hui les Paysans des montagnes, qui sont de peau & de corde. Il y a une famille en Aragon qui ne peut entrer aux Etats qu'avec cette sorte de souliers ; elle est fort pauvre, & le bon mot que dit l'un d'eux aux derniers Etats qui se tinrent sous Charles II, mérite d'être raporté. Raillé sur son habillement & sur sa misére, & interrogé comment il sifloit, lorsqu'il apelloit les bœufs, il sifla doucement ; on lui dit de sifler plus fort, il répondit que c'étoit fort inutile, lorsque les bœufs étoient si près de lui. Le mot de bœuf a plus d'une signification en Espagnol ; il est beaucoup plus injurieux qu'en François.

(33) Jacques Roy d'Aragon a été regardé comme l'un des plus grands Capitaines de son siécle. Il donna pendant sa vie trente batailles contre les Mores, avec un succès toujours heureux ; ce qui lui fit donner le surnom de *Conquérant*, & de *Batailleur*. Il régna 63 ans, & la postérité n'a pu lui reprocher que son incontinence. Le Roy son Pére avoit eu le même défaut ; il avoit aimé toutes les femmes, excepté la sienne, dont il n'eut un enfant que par la ruse qu'elle employa en se substituant à une de ses maîtresses. Jacques n'avoit encore que quatre ans, lorsque son pére fut tué. Il demeura comme captif entre les mains du Comte Simon de Montfort, jusqu'à l'âge de six ans, que ce Comte, à la sollicitation du Pape, le rendit aux Aragonois : ainsi l'on ne doit chercher d'autre raison de la valeur de ce Prince que son inclination belliqueuse, qui lui fit prendre les armes avant l'âge de 12 ans, pour punir les factieux qui troubloient l'État, & pour faire rendre à son autorité le respect que l'ambition d'un Tuteur, & le peu d'âge de ce Roy enfant, avoient fait presque oublier.

(34) Je n'ajoûterai rien à l'éloge que le P. Daniel fait de ce héros. *Le fameux & le vaillant Simon Comte de*

lui fit d'abord endoſſer le harnois militaire, il ne connut point d'autre ornement que le caſque & la cuiraſſe: Il pouvoit à peine remuer ſes foibles mains, qu'elles avoient déja commencé à manier les armes.

C'eſt de cette ſorte qu'ont été élevés les grands Monarques; c'eſt là l'éducation des héros.

Aléxandre fut élevé non au bruit des fêtes, mais au récit des actions du Roi ſon pére; elles le rempliſſoient de courage, elles piquoient ſon émulation: il fut fils du plus grand Roi de la Gréce, éléve (35) du plus grand Philoſophe du monde, pour être le premier de tous les Monarques.

Ferdinand étant encore jeune préſida aux Etats d'Aragon à Saragoce. Il ſupléa par la capacité d'un homme mûr à ſon âge peu avancé. Le pére & le fils aprirent aux dépens du Prince Charles (36) de Viane, l'un d'avoir plus de confiance dans ſon ſecond fils, & l'autre de s'unir à ſon pére & de le chérir davantage.

Les Empereurs Romains pour ſoutenir leur vieilleſſe faiſoient ordinairement déclarer leurs fils Céſars: ſi la nature leur avoit refuſé des enfans, ils en cherchoient dans une

Montfort fut le héros de ſon ſiécle, & un de ces hommes extraordinaires, auxquels très-peu peuvent être égalés, ou même comparés.

(35) L'éducation d'Aléxandre fut trop vaſte: on lui fit tout connoître excepté le fils de Philippe. Son ambition alla enſuite auſſi loin que ſes connoiſſances. Après avoir voulu tout ſçavoir, il voulut tout conquérir.

(36) Charles Prince de Viane étoit fils du Roy Jean & de ſa première femme; en ſorte qu'il étoit du chef de ſa mére héritier légitime du Royaume de Navarre. Il voulut enlever par la voye des armes la Navarre que le Roy ſon pére lui retenoit injuſtement; mais ce Prince toujours malheureux fut obligé de ſe ſoumettre. Quelques Hiſtoriens diſent que Jean l'abandonna à la diſcrétion de ſa ſeconde femme, qui l'empoiſonna pour faire régner ſon fils. D'autres diſent qu'il mourut des fatigues qu'il avoit eſſuyées dans les guerres & dans ſes voyages. Les plus ſages ne décident point, mais tous déteſtent l'injuſtice du procédé de ce mauvais pére.

une famille étrangére par l'adoption. De cette ſorte le ſage Nerva adopta le valeureux Trajan : les deux ne faiſoient qu'un corps ; l'un êtoit la tête qui gouvernoit, l'autre le bras qui éxécutoit : les facultés êtoient partagées ; au vieux la prudence, au jeune la valeur. La confiance pourroit-elle plus à l'égard des étrangers, que la nature dans un pére pour ſes propres enfans (37) ?

La tendreſſe ou la méfiance des péres eſt un écueil fatal contre lequel pluſieurs Princes ont fait naufrage. Charles le Simple en fit une funeſte expérience : enſéveli dans les plaiſirs, même avant que de naître ; mort à ſon Etat, il ne ſçut point ce que c'êtoit que la vie d'un Roy. L'afection ou la méfiance a fait aux Princes Ottomans, des doux charmes des plaiſirs, les fers qui les lient, d'autant plus dificiles à rompre, qu'ils paroiſſent plus aimables : Denis II (38), Roy de Sicile, ainſi que pluſieurs autres Princes dont on craignit qu'ils n'aſpiraſſent de bonne heure à commander, furent élevés de maniére qu'ils n'en furent jamais capables, ou qu'ils ne le devinrent que fort tard.

Tous

(37) Par cette penſée Gracian a voulu faire entendre, que Jean pére de Ferdinand eut été blamable de ne point initier ſon fils dans le Gouvernement. Si on aplique la même penſée à la conduite de Jean envers ſon autre fils le Prince de Viane aîné de Ferdinand, elle ne ſera point à l'avantage de ce Roy, que Gracian a loué dans d'autres endroits de cet Ouvrage.

(38) Denis II, fils de Denis Tyran de Syracuſe, fut élevé dans l'éloignement des afaires, & c'êtoit bien le moins que l'on dût atendre de la méfiance d'un pére, dont la cruauté n'avoit reſpecté ni ſa mére, ni ſes fréres. Denis II ſe fit d'abord aimer ; mais ſes vices le rendirent bien-tôt indigne de régner, & il mourut miſérable, réduit à gagner ſa vie, en faiſant le métier de Maître d'Ecole. Charles VIII eut à peu-près la même éducation, ou plûtôt n'en eut, comme lui, aucune. Il ſortit du Château d'Amboiſe, où la défiance de Loüis XI l'avoit tenu renfermé, pour monter ſur le Trône, & c'eſt au peu d'uſage qu'il avoit des afaires que l'on doit attribuer le peu de diſcrétion avec laquelle il rendit à Ferdinand les Comtés de Rouſſillon & de Cerdaigne.

Tous les arts s'aprennent, & même le plus facile des arts mécaniques a ſon tems d'aprentiſſage. Le ſeul art de régner, le plus épineux de tous, n'en a point : rien néanmoins de plus dificile que de bien commander.

On ſe rend capable de régner, ou par l'étude, ou par l'expérience. Pluſieurs deviennent Rois ſans avoir ni l'un ni l'autre. Ninus II (39), fils de Sémiramis, ſe trouva d'abord engagé dans le dificile maniment du ſeptre. Childéric (40) Roy de France ſe trouva à ſon avénement à la couronne, au milieu d'un océan politique, agité, rempli de ſang & de fiel.

De grands dangers, point d'expérience : cette afreuſe perſpective fit concevoir à Sanche II (41), Roy de Portugal, une ſi grande horreur pour ſon devoir, qu'il négligea entiérement le travail, ſe livra aux plaiſirs, & n'eut de Roy que le titre, que même il ne ſçut point conſerver.

Ferdinand s'apliqua dans ſa jeuneſſe particuliérement à l'art

(39) Ninias, ou Ninus II monta ſur le Trône d'Aſſirie après la mort de Sémiramis ſa mére. Il abandonna le ſoin de ſes Etats à ſes Miniſtres, & ſe retira dans le fond de ſon Palais, pour y mener une vie voluptueuſe. La plûpart de ſes deſcendans juſqu'à Sardanapale, ſuivirent ſon éxemple : tous vécurent dans cette infame retraite, & ſe rendirent ſi peu dignes d'être connus, que l'Hiſtoire tranſmet à peine leurs noms.

(40) L'ambition & l'inſolence des Maires du Palais, n'avoit pas de moindre objet que le Trône & l'extinction de la famille Royale. Grimoald venoit de faire publier la mort du fils de Sigebert Roy d'Auſtraſie, & ayant fait tranſporter ſecrétement ce jeune Prince en Ecoſſe, avoit fait couronner ſon fils. Il ne demeura pas long-tems paiſible dans ſon uſurpation; le pére & le fils furent punis de leurs crimes. Childéric ſecond fils de Clovis fut mis ſur le Trône. Il monta dans des conjonctures preſque auſſi facheuſes ſur celui de Neuſtrie & de Bourgogne. Il mourut à l'âge de 24 ans. *C'étoit un Prince* (dit le P. Daniel) *ſans conduite, ſans courage, incapable de gouverner, & de ſe laiſſer gouverner par ceux dont la prudence auroit pu ſupléer à ſes défauts.*

(41) Les Portugais mécontens de la lâcheté de Sanche II, & encore plus de l'humeur hautaine de la Reine, apellérent en Portugal Alfonſe frére de Sanche, qui étoit alors en France où il avoit épouſé Mahaud Comteſſe de Boulogne. Il continua la poſtérité, & le malheureux Sanche chaſſé de ſes Etats, mourut à Toléde en 1248.

l'art militaire, & dans sa vieillesse à la politique : il emploïa ses derniéres années à gouverner ce qu'il avoit conquis (42) dans ses premiéres.

Il y a des vertus d'âge : la valeur est la vertu de la jeunesse, la prudence celle de la vieillesse : l'illustre Marquis de Marignane disoit que *les* (43) *armes s'éxercent dans le feu de l'âge, avec facilité & avec succès.*

Trajan (44) envioit à Aléxandre le bonheur d'avoir commencé jeune. C'êtoit moins l'ambition de commander, qu'une noble envie contre le sort qui le faisoit ainsi parler. Souvent les heureux succès finissent avec le bel âge. Pompée perdit dans ses vieux ans, ce qu'il avoit acquis dans sa jeunesse.

Les armes demandent un grain de témérité. Le succès ne s'en peut fixer : la maturité, fruit d'un grand âge, ralentit

(42) La vertu de Ferdinand n'êtoit point la bravoure ; mais il sçavoit saisir l'ocasion d'une afaire, & il fut assez heureux pour avoir un Gonsalve de Cordouë, dit le grand Capitaine, à qui il dut les Royaumes de Grénade & de Naples, & dont la valeur redoutable à tous les énemis de l'Espagne, le devint enfin à l'esprit défiant de Ferdinand, qui le laissa sans emploi & sans récompense. Il ne lui donna d'autre marque de sa reconnoissance que les magnifiques obséques qu'il lui fit faire après sa mort.

(43) Gracian raporte la même pensée d'une maniére plus étenduë dans le HÉROS. *Charlequint contraint de lever le siége de Metz, place dépourvuë de tout, & qu'il comptoit au nombre de ses conquêtes les plus aisées, ne put sur cela dissimuler son chagrin à Marignane. Celui-ci, pour le distraire de sa peine par quelque bon mot, lui dit, Seigneur, Votre Majesté n'a peut-être jamais fait réfléxion que la fortune est du genre féminin, qu'elle a non-seulement l'inconstance de son séxe ; mais qu'elle prend encore sur nous l'esprit de nos premiéres années, où nous nous plaisons avec de jeunes gens comme nous.*

(44) Trajan régna dix-neuf ans six mois & quinze jours ; & il me paroît que le souhait que Gracian lui fait faire, auroit bien mieux convenu à Nerva son prédécesseur, qui ne parvint à l'Empire que dans un âge très avancé, qui ne régna qu'un an, trois mois & onze jours, qui n'oublia rien dans ce peu de tems de ce qui pouvoit rendre à l'Empire son premier lustre, & qui adopta Trajan au préjudice de tous ses parens, parce qu'il le croyoit plus digne de l'Empire qu'aucun autre. Ce raisonement ne prouve point le fait : l'Histoire, je crois, ne parle guéres plus de l'un que de l'autre.

lentit l'activité, retient la hardiesse. La prudence ne fut jamais la vertu des grands conquérans.

Philippe le Prudent (45) commença de bonne heure à manier

(45) Philippe II est apellé par les Espagnols Philippe le Prudent, & il y a un Livre Espagnol qui a pour titre, *Phelippo el Prudente*. Gracian parle toujours avec de grands éloges de ce Roy & de ses successeurs Philippe III, & Philippe IV, Princes qui en méritérent peu, dont il n'auroit point dû parler; mais dont un Espagnol, dans le siécle où vivoit Gracian ne pouvoit parler, sans les louer. Philippe II étoit d'un caractére faux. Ses Généraux gagnérent la bataille de Saint Quentin; son peu d'habileté, & son avidité de passer en Espagne pour y régner, fit qu'il n'en poursuivit point les avantages. La crainte qu'il eut lui fit faire le vœu de bâtir l'Escurial, composé bizarre, d'un Couvent, d'un Collége & d'un Palais, grande masse de pierre où le Roy se trouve le plus mal logé. Ce Prince étoit ridiculement grave, se communiquoit peu, faisoit consister la grandeur dans une insensibilité afectée; il étoit soupçonneux, & ses soupçons n'étoient pas moins redoutés que la mort même. On voit encore dans le Palais à Madrid, proche la sale où se tenoit autrefois le Conseil, & qui sert aujourd'hui à la Comédie, une galerie où ce Prince qui se faisoit dire malade, venoit écouter les discours de ses plus intimes Conseillers. Ce fut sous son régne que commença la révolte des Pays-Bas. Elle dura trois régnes; l'Espagne fit tous ses éforts pour les conserver, & n'en put venir à bout. On envoya contre les révoltés des troupes choisies dans tous les Etats de la Monarchie d'Espagne, sous le commandement du *Duc d'Albe*; mais ce Duc gâta plus les afaires du Roy par sa sévérité, qu'il ne les avança par sa valeur. *Requesens* qui lui succéda, voulut éprouver la douceur; mais elle n'étoit plus de saison. *Jean d'Autriche* gagna la bataille de Gemblours, & surprit Namur; mais il eut le malheur de donner des soupçons qui le firent mourir avant qu'il eût pu profiter de sa victoire. Le *Duc de Parme* eut l'adresse de détacher les Provinces Valonnes de l'union d'Utrecht; mais les deux campagnes qu'on le contraignit de faire en France, privérent l'Espagne des avantages qu'il auroit remportés. *Fuentes* se contenta d'enlever Cambray à *Balagny*. *Albert & Isabelle* employérent près de quatre ans au siége d'Ostende: *Spinola* épuisa de Soldats l'Espagne, l'Italie & l'Allemagne, & tous ces terribles aprêts se terminérent à rien. *Aytone* fut sur le point de perdre les Provinces obéissantes, par la défection de la haute Noblesse. Le *Cardinal Infant* se trouva trop foible pour résister aux François d'un côté, & au Prince d'Orange de l'autre. *Caracene* eut tant d'obstacles à surmonter dans le Gouvernement de Flandres qu'il demanda d'être rapellé. *L'Archiduc Leopold* manqua d'expérience, & *Fuensaldagne* eut plus de fidélité que de bonheur; en sorte que les Provinces Unies se défendirent avec tant de succès, que Philippe IV fut réduit à les reconnoître Souveraines par la paix de Munster. Ce qui rendit le mal incurable dès son principe, fut l'inclination à contretems qu'eut Philippe II de demeurer en repos en Espagne. Il devoit aller étoufer cette révolte, & suivre l'éxemple de son pére Charle-quint qui alla en personne apaiser la sé-

manier les armes ; mais Aléxandre téméraire fit de plus grandes conquêtes que tous les Rois les plus ſages joints enſemble : la réſolution & la hardieſſe de (46) Céſar triomphérent de toute la prudence du Sénat.

C'eſt une ſage précaution que d'ocuper la jeuneſſe de l'éxercice des armes : ſi cette ocupation ne la garentit point entiérement des vices, au moins l'empêche-t-elle de tomber dans l'oiſiveté.

La vieilleſſe aime la paix ; dans ſon repos, elle établit des loix, réforme les abus, arrange l'Etat, aſſûre l'Empire.

Ferdinand commença par être Roy de Sicile : heureux & illuſtre augure de toutes les conquêtes qui ſuivirent ! Il entra enſuite en Caſtille, entrepriſe (47) plus dificile que celle

dition de la ſeule ville de Gand, & traverſa toute la France, ſans être arrêté par la crainte que François I n'abuſât de la néceſſité où il ſe trouvoit. Par cette ſeule faute, on peut juger que Philippe II n'a point mérité le ſurnom de Prudent dont il ſe piquoit, & que lui donnent les Hiſtoriens Eſpagnols, & qu'il n'avoit aucune inclination pour les armes. Je crois même qu'il ne s'eſt jamais trouvé dans aucun combat : ainſi Gracian fait mal à propos l'honneur à ce Roy, de faire comme entrer en paralléle les éfets de ſa prudence, avec ceux de la valeur téméraire d'Aléxandre.

(46) Céſar étoit hardi, mais il n'y eut jamais de héros qui joignit à plus d'intrépidité plus de prudence.

(47) Henri IV, Roy de Caſtille, n'ayant pu avoir d'enfans de l'Infante de Navarre ſa premiére femme l'avoit répudiée, & ne pouvant en avoir de la ſeconde, le bruit courut, qu'il avoit mieux aimé que ſon favori la Cuéva ſupléât à ſon défaut, que de paſſer pour impuiſſant. La Reine devint groſſe, & mit au monde une fille qu'on nomma Jeanne, & que le Roy reconnut toujours pour ſa fille. Iſabelle aprés la mort du Roy Henri IV, ſon frére, épouſa Ferdinand, quoique ce Prince fut beaucoup plus jeune qu'elle ; en ſorte que ſoutenuë des forces d'Aragon, ſon parti prévalut à celui de la Princeſſe de Caſtille, qui fut obligée de ſe retirer en Portugal. Les nobles Caſtillans qui avoient ſouhaité qu'Iſabelle eût choiſi un mari parmi eux, & cette Princeſſe qui avoit d'abord ſemblé ſe rendre à leurs ſouhaits, en choiſiſſant Pierre Tellez Giron, cadet de la Maiſon d'Oſſone, & Grand-Maitre de l'Ordre de Calatrava, qui mourut à Villa Rubias, lorſqu'il alloit pour l'épouſer, (ainſi que le raporte Alfonſe de Haro, en parlant de la Maiſon d'Oſſone) les Caſtillans, dis-je, ne voulurent point ſe ſoumettre à l'autorité de Ferdinand, & n'en voulurent point reconnoître d'autre que celle d'Iſabelle ; ce Prince fut obligé de compoſer avec eux. L'on

celle d'Alcide contre l'hydre à ſept têtes : ſa capacité & ſa valeur éclatérent par la grandeur de ſes ſuccès : il fit juger dès lors, quel prodige il ſeroit en fait de politique.

La premiére démarche détermine le bonheur d'un régne : un fleuve large & profond continuë ſon cours par où il a commencé, c'eſt une eſpéce d'impoſſibilité que de le détourner.

Les Rois trouvent de grands obſtacles au commencement de leur régne : toute la prudence, toute l'atention, toute la ſagacité ſufit à peine pour ſe ſoutenir dans ce pas gliſſant : c'eſt à l'entrée des chemins qu'on court riſque de s'égarer ; quand on s'en eſt bien aſſûré, on pourſuit avec facilité.

Le Prince qui eſt aujourdhui Roy (48) de la Chine donna dans ſes premiéres années de grandes eſpérances : ſes ſujets atentifs à toutes ſes démarches, & prévenus par ſes premiéres actions, en atendoient les plus hautes vertus; mais il s'eſt laiſſé aller à la flaterie, entamer par les vices : les Chinois eux-mêmes ont travaillé à perdre le meilleur Roy que l'hiſtoire eût immortaliſé.

Les ſujets conçoivent de grandes eſpérances d'un nouveau Prince : ils ſe flatent toujours que celui qui commence ſera meilleur que celui qui finit, quelque bon qu'il ait êté. Ferdinand fut déſiré (49) avant que d'être reçu ; il ne remplit

convint que le nom d'Iſabelle ſeroit toujours joint à celui de Ferdinand dans les Edits : (& c'eſt ce qui juſtifie l'expreſſion des Hiſtoriens, qui en parlant de Ferdinand & d'Iſabelle diſent *les Rois Catholiques :*) que la juſtice ſeroit renduë au nom du Roy & de la Reine, & qu'on ne donneroit qu'à des Caſtillans, les charges, les emplois & les bénéfices.

(48) Du tems de Gracian régnoit à la Chine *Xunchin :* Le caractére qu'en fait Gracian eſt aſſez éxact.

(49) De cet expoſé de Gracian, il réſulte une idée fort confuſe : il faut l'éclaircir. Durant la vie d'Iſabelle, Ferdinand avoit voulu atirer à lui ſeul l'adminiſtration de Caſtille ; les Grands

plit pas ſeulement les eſpérances qu'on avoit conçuës de lui, il les ſurpaſſa : il prévit que les plus zélés en aparence pour l'élever ſur le Trône, ne le faiſoient point afin qu'il les commandât ; il les flata dans leurs ambitieux deſſeins, ſe ſervit enſuite de leurs mauvaiſes intentions contr'eux-mêmes ; & aïant vaincu les uns & les autres, il fut véritablement (50) Roy.

Il

s'y étoient opoſés, & avoient dans une aſſemblée des Etats ſolennellement conſervé Iſabelle dans la poſſeſſion de ſon droit. Ferdinand, en partie pour ſe vanger de la Nobleſſe, & d'ailleurs par mille bonnes raiſons, avoit de l'autorité du Pape, réuni dans ſa perſonne les grandes Maitriſes des Ordres, qui auparavant rendoient les ſujets qui en étoient revêtus, redoutables à leurs Rois, ſoit par les privilèges, ou par les revenus qui y étoient atachés. Il ne laiſſoit échaper aucune ocaſion d'humilier la Nobleſſe, & Ximénès, moins par envie de plaire à ce Prince, que par cet amour pour la grandeur de la Monarchie, naturel à tous les Eſpagnols, & dont le plus grand obſtacle étoit la trop grande puiſſance de la Nobleſſe, l'avoit parfaitement bien ſecondé. Ce Cardinal avoit toute la confiance de la Reine Iſabelle qui n'agiſſoit que par lui. Ximénès étoit un homme d'un génie, & d'un caractére ſemblable à celui du Cardinal de Richelieu. Après la mort d'Iſabelle, les Caſtillans voulurent être gouvernés par leur Roy légitime, Philippe, Archiduc d'Autriche, qui avoit épouſé Jeanne la Folle, fille d'Iſabelle, & par conſéquent héritiére du Royaume de Caſtille, qui avoit apartenu à ſa mére. Ferdinand eſſuya dans cette ocaſion de grandes mortifications. Le teſtament qu'il produiſit de la Reine Iſabelle, fut rejetté comme faux, & il fut obligé de ſe déſiſter de ſes prétentions. Les Caſtillans furent bien-tôt privés de leur jeune Roy ; & rebutés des égaremens de leur Reine, ils furent contraints de recourir à Ferdinand. Ce Prince plus heureux qu'il ne penſoit, fut invité à reprendre le Gouvernement de Caſtille. En habile homme il ne ſe vangea point de ceux qui l'avoient traverſé : il prit au contraire un ſoin tout particulier de ſe les acquérir. Un procédé ſi rare & ſi judicieux eut tout l'éfet que Ferdinand s'en étoit promis. Les Caſtillans perſuadés qu'on leur pardonnoit généreuſement, parce que l'on afectoit de feindre de ne ſe plus ſouvenir de leur faute, ne s'en ſouvinrent à leur tour que pour la réparer, & vécurent depuis dans une ſoumiſſion ſi éxacte, qu'ils s'abſtinrent de demander durant la vie de Ferdinand, comme ils avoient coutume de faire, la convocation des Etats, pour régler le gouvernement de la Monarchie. Par cette expoſition hiſtorique, on jugera de ce qu'il y a de vrai & de faux dans ce que dit Gracian.

(50) M. Amelot de la Houſſaye en rapellant ce trait dans ſon Epitre de l'HOMME DE COUR, le traduit par *Roy*, *Roy* : c'eſt la traduction littérale. Il remarque que *Clément Marot s'eſt ſervi d'une expreſſion ſemblable dans l'Epitre qu'il adreſſe à François I, à la fin de laquelle il lui parle ainſi :*

Il se fit gloire de suivre les préceptes (51) du Roy Jean son pére : sa prudence prévalut à l'inclination ordinaire.

Les Princes sont naturellement portés à se conduire par des maximes oposées à celles de leurs prédécesseurs ; ce que même un fils doit à son pére, n'est pas capable de détruire en lui ce penchant bizarre : cette passion régne, soit amour de la nouveauté, soit émulation ; la nature qui peut unir le sang, ne peut unir deux jugemens : on hérite quelquefois d'un geste, mais jamais du goût.

Si cette répugnance n'ataquoit que des actions blamables, ce seroit une louable inclination ; mais qu'aveuglément, sans mettre de diférence entre les objets, elle ataque avec une fureur égale les plus belles actions, c'est une passion détestable.

Que Vespasien (52) abhorre les éxemples de Vitellius, & ceux de ses monstrueux prédécesseurs, c'est rétablir l'Empire, c'est vanger la vertu.

Mais

Roy plus que Mars d'honneur environné
Roy le plus Roy qui fut onc couronné.

Exemple, ajoûte-t'il, *qui servira de réponse à quelques Critiques, à qui ce seroit un grand honneur de pouvoir être comparés à Marot.* Cette note de M. Amelot n'a point empêché que le P. Bouhours n'ait critiqué son expression ; & en éfet, comme ce Pére le remarque judicieusement, il y a une grande diférence entre *Roy Roy*, ou *Roy le plus Roy qui fut onc couronné.*

(51) Ces préceptes sont peu, ou point connus. Gracian auroit-il fait cet éloge de Ferdinand, parce qu'il n'imita point l'éxemple de son frére Charles de Viane qui fit la guerre à son pére ? Il faudroit convenir en même tems que Ferdinand ne se trouva point dans de semblables circonstances, & n'eut point de semblables sujets de se plaindre de son pére. *Voyez les Notes 36 & 37.*

(52) Vespasien fut forcé par les soldats d'accepter l'Empire qu'ils lui ofroient & qu'il refusoit. Cet Empereur remplit les espérances que conçurent les Romains de voir renaître le bonheur public sous le gouvernement d'un Prince aussi sage que vaillant. Depuis longtems Rome n'avoit eu pour Empereurs que des Tirans. Vitellius devenu en horreur par ses débauches continuelles & ses cruautés avoit été déchiré par les soldats, & trainé dans le Tibre par le peuple. Othon avoit acquis le Trône par trahison, & l'avoit perdu par désespoir. Galba avoit commencé d'être cruel en commençant à régner : son avarice, les excès de ses favoris & son extrême vieillesse l'avoient rendu odieux, & il

Mais qu'Adrien (53) condanne les actions éclatantes de Trajan, le meilleur Empereur que Rome ait adoré; qu'il ſe porte à de telles extrémités; qu'afin de reſſerrer les bornes de ſa réputation, il retréciſſe celle de ſon Empire; que pour détruire ſa mémoire, il détruiſe le fameux pont du Danube, ce n'eſt point émulation, c'eſt plus qu'envie, c'eſt atrocité.

Tout aprouver eſt ignorance, tout réprouver eſt envie: croire qu'il faille être abſolument pacifique, parce qu'on a ſuccédé à un Prince guerrier, ſans autre raiſon que celle de ſon penchant à la contrariété, c'eſt ſe tromper ſur les régles de la véritable politique.

Pluſieurs s'imaginent (mais leur imagination les trompe) que toute imitation déroge à la perfection: les mauvais Princes ſe ſuivent; il ſemble qu'ils aïent fait un défi à qui ſera le plus vicieux. Au voluptueux Tibére, ſuccéde le déteſtable Caligula; à celui-ci, Claude hébété; à Claude, le pervers Néron: ils vont en troupe, s'enchainant les uns avec les autres. Les héros au contraire ſont rares & ſinguliers; un Auguſte, un Trajan, un Théodoſe: on les perd d'abord de vuë, il ne leur ſuccéde perſonne qui les imite.

Ferdinand eut une auguſte Monarchie; la félicité du Monarque & celle de la Monarchie fut réciproque. Ce Prince

avoit été maſſacré. Néron, Claude, Caligula, Tibére, tous Princes qui ſe ſuivirent, ſont plus connus, parce qu'ils furent encore pires que les autres.

(53) Adrien fut un de ces Princes qui ſont fâchés, qu'il y en ait de plus grands qu'eux. A ſon avénement à l'Empire, il fit la paix avec les Parthes, & leur rendit les conquêtes de ſon prédéceſſeur. Il fit détruire le fameux pont du Danube, & d'un autre côté en faiſoit conſtruire de nouveaux. Il faiſoit des vers, & il fit ce qu'il put pour abolir la mémoire d'Homére & de ſes poëſies. Il étoit curieux de voir, & les ocaſions de faire la guerre lui fournirent celles de voir tout ſon Empire, preſque auſſi grand alors que le monde connu. Il mourut d'un flux de ſang cauſé par les fatigues de ſes voyages.

Prince eut une Monarchie égale à sa capacité & à sa valeur ; cette Monarchie eut un Prince égal à sa grandeur & à sa puissance.

A une petite plante, un petit vase est un champ spacieux : un arbre géant, un haut palmier, un cédre orgueilleux s'y trouveroit géné ; il ne sauroit s'y étendre, il ne sauroit y prendre racine.

Si Charles Emanuel (54) de Savoye eût eu un Empire proportioné à son grand génie, il eût surpassé César même : (55) Quel tourment pour une ame héroïque, que les forces de son Etat ne puissent soutenir celles de sa valeur ! C'est un grand bonheur de n'avoir point à envier une autre Monarchie.

Par les mêmes raisons, c'est un grand malheur pour une Monarchie d'être gouvernée par un Prince dont les vertus & les talens ne répondent ni à la grandeur, ni à la puissance de l'Etat. Un Ladislas II (56) Roy de Pologne, méprisé

(54) Charles Emanuel étoit un Prince dont l'ambition n'avoit point de bornes. Ses principales pensées n'étoient que pour la guerre, où il acquit tant d'estime qu'il a passé pour un des plus braves Capitaines de son siécle. Son humeur entreprenante lui atira plusieurs fois dans ses Etats les armes des François & des Espagnols. Les François ataquoient, les Espagnols défendoient, & les Etats de Charles Emanuel étoient le téatre de la guerre entre deux Puissances, dont il avoit également à se méfier. Voici un trait de la valeur de ce Duc, raporté par Gracian dans LE HÉROS : *Charles Emanuel fut digne du nom d'Achille que lui donnérent ses troupes : ce Prince acompagné seulement de quatre des siens, s'ouvrit un passage au milieu de 500 cuirassiers qui vouloient l'enveloper. Au sortir de ce triomphe, il se contenta de dire froidement à ses soldats alarmés de son danger : En ces rencontres périlleuses, le courage est une bonne escorte.*

(55) J'ai suprimé dans cet endroit une phrase ; en voici la traduction : *Cet astre resserré dans l'étroite sphére de son état ; d'un soleil qu'il pouvoit être, dégénéra dans une petite étoile.* Je crois qu'on peut suprimer de semblables phrases, sans qu'on puisse être acusé de manquer à la fidélité de la traduction.

(56) Ladislas II succéda à son pére Boleslas III, l'an 1139. Il fut vaincu en diférentes rencontres, & enfin il fut obligé de fuir en Allemagne vers l'Empereur Conrad III. Boleslas l'un de ses fréres fut mis sur le Trone, & l'Empereur Frédéric Barberousse, successeur de Conrad, obtint de Boleslas qu'il

méprisé pour son incapacité : un Favila (57) abhorré de toute l'Espagne pour ses vices : lorsqu'un Roy est décrié, il n'est ni secouru de ses vassaux, ni craint de ses énemis. Les grandes Monarchies entrainent avec elles de grandes dificultés : il leur faut des Princes grands en capacité & en valeur, & à de tels Princes il faut de grandes Monarchies. Charles (58) Duc de Bourgogne ne fut inférieur en rien à César; ni le grand (59) Cosme de Médicis à Octavien: si

donneroit la Silésie à Ladislas.

(57) Il y a ici une faute ou de la mémoire de Gracian, ou de l'Imprimeur. Favila étoit fils de Pélage, & lui succéda. Il ne régna que deux ans, & l'Histoire ne lui reproche aucun vice. Ne seroit-ce point d'Agila dont Gracian auroit voulu parler ? Celui-ci étoit Roy des Visigoths en Espagne, & régnoit vers l'an 550. Après avoir perdu dans une bataille près de Cordouë, son fils & ses trésors, il se retira à Mérida, ville dans la Castille neuve, où il fut assassiné par ses sujets, *qui ne pouvoient plus suporter les vices d'un si méchant Prince.* Ce sont les paroles d'un Historien.

(58) Gracian connoissoit bien mal ou César ou Charles Duc de Bourgogne. Ce Duc à la vérité étoit incapable de crainte, à l'épreuve des plus excessives fatigues, apliqué aux afaires, d'un esprit vif & pénétrant, libéral & magnifique; c'est ce qu'il avoit de commun avec César ; mais il en diféroit beaucoup par sa témérité qui lui fut fatale, par son humeur farouche qui lui fit ignorer le commerce de l'amitié; Maitre dur & impérieux ; il étoit beaucoup plus craint, qu'aimé de ses courtisans & de ses sujets. La prospérité l'avoit rendu intraitable, présomptueux, & incapable de tout conseil. L'adversité fit découvrir en lui de nouveaux défauts sans corriger les anciens: on le vit depuis sa déroute de Grandson, toujours chagrin, bizarre, inquiet, plus emporté & plus précipité que jamais. Il avoit déclaré la guerre aux Suisses pour un chariot chargé de peaux de moutons, & il fut tué devant Nanci à la troisiéme bataille qu'il perdit contre eux.

(59) Cosme gouverna la République de Florence avec beaucoup de conduite, & amassa des trésors incroïables par le commerce qu'il faisoit de toutes parts. Ce bonheur lui suscita des envieux, qui le firent éxiler. Il se retira à Venise ; il fut reçu de tous les Princes comme un Souverain, & quelque tems après il fut rapellé par les Florentins. Ce retour lui fut très-glorieux ; il fut acompagné d'un aplaudissement universel, & Cosme fut honoré du nom de *Pére du peuple*, & de *Libérateur de la patrie.* Il mourut en 1464. Ce fut un Prince juste, habile dans le gouvernement, & amateur des sciences & des beaux arts. Il atira par ses libéralités un grand nombre de Savans autour de sa personne; par là, il ressembla à Auguste ; mais il ne se trouva point dans des conjonctures à faire connoître, s'il étoit aussi propre aux armes, qu'aux afaires & aux belles lettres.

ſi la réputation des uns eſt plus grande, ce n'eſt point pour avoir été de plus grands hommes, c'eſt parce qu'ils étoient de plus grands Princes.

Lorſque la diſproportion d'un Monarque à ſa Monarchie vient du défaut d'âge, encore qu'elle ſoit fort dangereuſe, & que dans Arcadius (60) elle ait été le principe de ſa ruine, néanmoins l'eſpérance ſoutient; mais lorſqu'elle vient de ſon incapacité même, comme dans Aléxis IV (61), Empereur Grec, elle fait naitre le déſeſpoir.

C'eſt un heureux ſort qu'une égalité réciproque, c'eſt d'où ſouvent dépendent certaines unions. Lorſque la proportion manque, il vaut mieux qu'un Monarque ſoit ſupérieur qù'inférieur à ſa Monarchie, mais qu'il ne faſſe paroître aucun mépris; il en couta la vie à (62) Céſar.

Le Royaume d'Aragon parut à Ferdinand étroit pour ſes vaſtes déſirs; il aſpira à celui de Caſtille, à la Monarchie

(60) Arcadius ſuccéda dans l'Empire d'Orient à ſon pére Théodoſe le Grand. Rufin avoit ſoin des afaires; mais n'ayant pu réuſſir à faire épouſer ſa fille à ce jeune Prince, il s'en vangea en atirant dans ſes Etats les Huns & les Goths qui ravagérent une grande partie de l'Aſie & de la Gréce, & en prirent les villes les plus célébres.

(61) Aléxis IV étoit un jeune Prince incapable de gouverner; mais d'ailleurs ſans aucun autre défaut marqué. Il ne régna que ſix mois, aïant été pris par Aléxis V, qui l'enferma dans une priſon, où peu de tems après il le fit étrangler.

(62) Céſar devenu le maitre du monde, crut trop légérement les diſcours de ſes flateurs, qui lui faiſoient entendre qu'après avoir éteint les guerres civiles, la République avoit plus d'intérêt que lui-même à ſa conſervation. Sa ſécurité, qui étoit, je crois, moins l'éfet du mépris, que celui d'une fine politique, pour gagner la confiance du Sénat, lui fit rompre ſa garde Eſpagnole; mais ce n'eſt point encore à cela que l'on doit atribuer ſa mort; c'eſt à l'amour de la liberté, & à l'ingratitude de ceux qu'il avoit le plus obligés. Les Romains qui avoient ſuivi la fortune de Pompée, & qui ne pouvoient pardonner à Céſar la vie qu'il leur avoit donnée dans les plaines de Pharſale, ſe reprochoient ſecrétement ſes bienfaits comme le prix de la liberté publique. Ceux qu'il croïoit ſes meilleurs amis, ne recevoient ſes graces que pour aprocher plus près de ſa perſonne, & pour le faire périr.

chie de toute l'Eſpagne, à celle des deux (63) mondes.

Les Empires ont leur âge d'acroiſſement & de décadence : Ferdinand régna dans le premier : il importe beaucoup pour la grandeur d'un Roy, de régner dans l'un ou dans l'autre de ces deux âges ; de ſuccéder à une Monarchie floriſſante, ou à une Monarchie chancelante.

La jeuneſſe forte & vigoureuſe engendre de robuſtes fils : la vieilleſſe, deſtituée de ſes anciennes forces & acablée de maladies, manque de chaleur ; elle n'engendre que de foibles enfans.

Les premiers Rois furent ordinairement dans toutes les Monarchies de grands Rois, tout les excitant alors à la vertu. Le brave Romulus, l'heureux Numa, l'intégre Ancus, le ſage Tarquinius Priſcus, le politique Servius furent les prémices de la Monarchie Romaine. La vertu régna plus dans ſes Rois, que dans (64) ſes Empereurs : ceux-ci vinrent dans ſa vieilleſſe, ceux-là dans ſa jeuneſſe ; les uns triomphoient,

(63) Il ſemble que depuis Ferdinand les Rois d'Eſpagne aïent poſé dans leur Conſeil pour fondement de toutes délibérations la Monarchie univerſelle. Cette afection des Eſpagnols pour leur Monarchie eſt ſi forte, qu'elle l'emporte toujours dans leur eſprit ſur tous les autres ſentimens les plus naturels & les plus juſtes ; ſi étenduë qu'elle comprend toute la terre ; ſi conſtante qu'elle augmente par le mauvais ſuccès au lieu de diminuer, & ſi métaphyſique, que le Conſeil diſtingue toujours la Monarchie d'avec le Monarque, & ne confond jamais les inclinations du ſecond avec les intérêts de la premiére. Ainſi Ferdinand eſt conſeillé dans les derniers momens de ſa vie, de nommer Ximénès pour Régent, durant le bas âge de ſon petit-fils. Il ſçait que l'Eſpagne aura beſoin d'un homme comme celui-là, après ſa mort, & que perſonne n'eſt plus jaloux de la grandeur de ſa patrie, ni plus capable d'y travailler que Ximénès. Il le choiſit, & ſacrifie les reſſentimens qu'il pouvoit avoir contre lui, au bien de la Monarchie. Ainſi encore animé du même eſprit, il donne ſa fille aînée par préférence au Roy de Portugal, dans l'idée que ſi ſon fils meurt, au moins toute l'Eſpagne ſera réunie ſous un ſeul Monarque.

(64) Cette penſée eſt tout à la fois vraïe & fauſſe. Rome a eu de plus grands Empereurs, qu'elle n'a eu de grands Rois ; mais par proportion le nombre des bons Rois a excédé celui des bons Empereurs.

triomphoient, mais les autres gagnoient des victoires.

Dans les commencemens on est courageux, atentif, soigneux : peu à peu la confiance s'introduit, la foiblesse suit, les délices achévent.

Depuis Clovis, les Rois François héritoient des vertus, ainsi que de la couronne de leurs ancêtres. La réputation de Childebert (65), excitoit les Clotaires (66); & celle de ceux-ci Dagobert (67) : mais peu à peu la valeur s'éclipsa, l'Etat menaça ruine dans le voluptueux (68) Childéric; il renaquit avec plus d'éclat sous Charles Martel (69); Pépin (70) fit reparoître la valeur des premiers

(65) Childebert porta la guerre jusqu'au milieu des Espagnes. La conquête de la Bourgogne, & la bataille de Narbonne qu'il gagna contre Amalaric, sont des marques insignes du courage de ce Prince. Il régna 47 ans, & s'apliqua sur tout à maintenir, autant qu'il lui fut possible, ses Etats en paix pendant le cours d'un si long régne.

(66) Clotaire I n'eut presque rien de bon que la valeur, l'intrépidité, & le talent pour la guerre. Clotaire II n'eut pas tant de défauts, & eut autant de valeur. Deux autres Clotaires, dont l'un Roy de Neustrie & de Bourgogne, l'autre qui faisoit le personnage de Roy d'Austrasie, font nombre parmi les Rois fainéans de la première race. Ce n'est point de ces derniers dont parle Gracian.

(67) Dagobert se livra à ses plaisirs, sans donner aucune preuve de valeur. Au milieu de ses déréglemens, il fit de grandes aumônes. Il fut enterré dans l'Abaïe de S. Denis qu'il avoit enrichie de quantité de terres, & ornée de magnifiques présens, dont on voit encore quelques-uns dans le Trésor de cette Abaye.

(68) Il y a eu deux Rois du nom de Childéric; tous deux furent incapables de gouverner, & ce fut-là plûtôt leur défaut, que l'amour des voluptés.

(69) Cette pensée n'est point exacte. Quoique Charles Martel eût une puissance absoluë, il ne prit néanmoins jamais le titre de Roy. C'étoit à la vérité une modestie qui lui coûtoit peu, & que la politique lui faisoit juger nécessaire : il avoit acoutumé les François à se passer de Roy, & même d'un phantôme de Roy qui leur avoit servi jusqu'alors au moins à se flater, qu'ils n'étoient soumis qu'aux descendans de Clovis. Dans les Actes publics il ne prenoit que la qualité de Maire du Palais, & d'*homme illustre*, qualité que nos Rois de la première lignée joignoient ordinairement à celle de Roy. Il souffroit que les Princes Etrangers lui donnassent celle de Vice-Roy, ou de Lieutenant du Royaume. Les Historiens l'apellent tantôt du nom de Duc des François; tantôt de celui de Prince des François, de Patrice. Tous le représentent comme un grand Prince, comme un grand Guerrier, comme un grand Politique.

(70) Les succès de Pépin furent en partie les éfets de son courage, mais

miers François; Charlemagne (71) porta la gloire de cette Monarchie à ſon dernier point; l'inſtabilité des choſes humaines, la réduiſit pour la ſeconde fois au point de périr ſous Charles le Simple (72): ce fut alors que la divine Providence ſe déclara d'une maniére ſinguliére en faveur de ce Royaume très-Chrétien, en lui donnant pour Roy Hugues Capet (73), qui en a rétabli la grandeur pour beaucoup de ſiécles; la félicité des François aïant perſévéré ſous tant de fameux Rois, les uns ſaints, les autres courageux, & les autres ſages. Louis XIII rival de tant de gloire, vient de chaſſer (74) les Hérétiques de toute la France, &

encore plus de ſa prudence extraordinaire qui étoit ſa qualité dominante. Toutes les grandes qualités de l'eſprit & du cœur concoururent en lui pour en former un Prince acompli: le talent de ſe faire eſtimer, reſpecter, aimer & craindre, qui ſupoſe toutes les vertus civiles & militaires, fut dans lui au ſouverain dégré. On avoit une ſi grande idée de ſa prudence, qu'elle avoit paſſé en proverbe; & quand on vouloit louer quelqu'un par cet endroit, *Il eſt*, diſoit-on, *prudent comme Pépin.*

(71) Le Royaume des François parvint ſous le régne de Charlemagne au plus haut point de puiſſance où il eût jamais été. Une grande partie de l'Eſpagne, & preſque toute l'Italie conquiſe, les Sarazins domptés, les bornes de la domination Françoiſe & celles du Chriſtianiſme pouſſées bien au-delà du Danube; la Datie, la Dalmatie, l'Iſtrie ſoumiſes; les nations Barbares juſqu'à la Viſtule rendüës tributaires; l'Empire d'Occident avec toutes ſes prérogatives transféré dans la Maiſon de France; un Etat de cette étenduë gouverné avec aplication & autorité, & policé par les plus belles Loix tant Civiles qu'Ecléſiaſtiques: enfin une ſuite continuelle de victoires & de conquêtes pendant l'eſpace de 46 ans, ſont les exploits qui ſont du régne de Charlemagne le plus glorieux de tous les régnes.

(72) Charles le Simple dont le ſurnom marque aſſez le caractére, fut détrôné par Raoul qui uſurpa le Royaume, & mit ce Prince en priſon. Il mourut ſix ans après.

(73) L'adreſſe & la prudence, encore plus que la valeur, furent les vertus dominantes de Hugues Capet. Il monta ſur le Trône; il s'y maintint avec plus de majeſté, d'autorité & de puiſſance que pluſieurs de ſes prédéceſſeurs, & il y plaça ſa poſtérité qui y eſt encore aſſiſe aujourd'hui. Ce ſeul trait nous peint un grand homme.

(74) Ce trait de Gracian eſt propre pour nous donner l'époque de cet Ouvrage. Selon M. Amelot qui dans ſa Préface à L'HOMME DE COUR, nous donne le Catalogue des Ouvrages de Gracian, LE HÉROS fut le premier, & parut en 1637. Le ſecond fut celui-ci; mais il ne dit point le tems auquel il parut: il ſeroit naturel de croire

& fait espérer de chasser les Infidéles de tout le monde : qui a commencé par l'extirpation des Hérétiques, doit finir par celle des Mahométans.

Cette premiére chaleur avec laquelle s'est formé le corps politique d'un Etat, cette substance radicale de grandeur & de puissance dure quelque tems. Qui a pû arrêter le cours impétueux avec lequel s'est acruë la puissance des Ottomans, depuis son premier Prince, jusqu'au fortuné Soliman ? Elle diminua sous Selim II (75), par la guerre d'un Prince saint, & la résistance d'un Monarque catholique : elle s'est élevée, & se maintient par les discordes des Princes Chrétiens : une sainte ligue qui dura peu, l'arrêta au milieu de ses victoires : cette puissance afoiblie par les échecs qu'elle a reçus depuis, ne pourroit plus soutenir l'éfort d'une semblable ligue.

Ce n'est point l'aveugle fortune qui gouverne les Empires, c'est la souveraine Providence : elle les forme & les défait, elle les éléve & les abaisse, pour ses sublimes & secrétes

qu'il ne parut qu'après 1637 ; mais cet éloge de Louis XIII prouve au moins qu'il avoit été fait quelques années auparavant. La guerre entre les deux Couronnes de France & d'Espagne commença l'an 1635. Il n'auroit point convenu à Gracian dans le tems d'une guerre qui fut faite avec tant d'animosité, de parler, comme il fait, de Louis XIII, & cela ne feroit guéres dans le caractére Espagnol. Voilà par raport au tems qui a suivi son Ouvrage : par raport à celui qui l'a précédé, il est naturel de conclure de la même phrase de Gracian, qu'il ne fut fait que depuis la prise de la Rochelle en 1628 ; mais une autre circonstance plus certaine & plus précise, c'est que le Prince Charles Baltasar dont il est parlé ci-devant, ne naquit qu'en 1630. Ces raisons me font croire que cet Ouvrage a été composé entre l'an 1630, & l'an 1635.

(75) Sélim II succéda à Soliman II. Le Pape, le Roy d'Espagne, & la République de Venise ligués, mirent en mer une flote puissante, sous le commandement de Jean d'Autriche qui gagna la fameuse bataille de Lépante. Si les Chrétiens eussent sçû profiter de leur victoire ; ils auroient peut-être emporté Constantinople où tout étoit dans une consternation générale. Sélim étoit un Prince lâche, bien diférent de Soliman son prédécesseur qui avoit toujours commandé les Armées, & qui fut un des plus grands & des plus heureux Empereurs Turcs.

crétes fins : les Fidéles pour être le centre de sa gloire, les Infidéles pour leur servir d'émulation & de chatiment : l'admirable harmonie de sa science & de sa puissance éclatant toujours dans les uns & dans les autres.

C'est un grand avantage de succéder à une couronne brillante, comme Xerxez à celle de (76) Cirus ; & d'hériter d'un septre florissant, comme Dagobert (77) de celui des Lys. Et c'est un grand malheur pour un Prince de succéder à une Monarchie déja abaissée, où la valeur est déchuë & l'oisiveté régne, où la vertu est bannie & le vice domine, où les forces sont abatuës & la réputation perduë, où le bonheur est altéré, où tout est envieilli & comme une vieille mazure menace à chaque instant une ruine totale ; à moins qu'un heureux hazard ne fasse naître un Vespasien ou un Claude II (78), pour la réparer, un Pépin & un Hugues Capet, pour la renouveller : dificiles situations, où les grands hommes sont embarassés & où les autres périssent !

Les

(76) Gracian employe une expression métaphorique dont il peut résulter une idée fausse, & c'est ce qui doit rendre extraordinairement reservé sur leur usage. Xerxez ne succéda point à Cirus, mais à Darius ; & Gracian pour exprimer la succession de ce Prince à l'Empire des Perses, dit à la Couronne de Cirus, parce que Cirus en fut le Fondateur. Les puissantes armées que Darius & Xerxez mirent sur pied, marquent assez la grandeur & l'éçlat de leur Empire ; ils ne firent pas toujours la guerre avec succès, & particuliérement contre les Grecs.

(77) Ce n'est point sous les régnes de la première race que Gracian auroit dû chercher l'éclat de la Monarchie Françoise. Dagobert succéda à Clotaire qui avoit de la valeur & des vertus ; tous les Royaumes étoient réunis : les exemples vicieux des Rois fainéans, n'avoient point encore ramoli la valeur des premiers François. La Monarchie ne commença à décroître que sous le régne de Dagobert, & encore plus après sa mort, par le partage qui fut fait de ses Etats.

(78) Après les longues disgraces que l'Empire avoit essuyées par les factions qui troubloient les Provinces, il trouva si douce la domination de l'Empereur Claude, que le Sénat lui érigea une statuë d'or dans le Capitole. Trebellius Pollio dit qu'on admiroit dans ce Prince la modération d'Augus-

Les Princes ſont toujours flatés, même ſur les maux de leur Monarchie : on leur perſuade qu'il eſt plus aiſé de remédier au déſordre, que de le prévenir. L'infortuné Rodéric (79) monta ſur le Trône, comme s'il fût entré dans un golphe de vices & de délices. L'ancienne valeur Gothique (80) des Ataulfes, des Siſebutes, des Siſenandes, des Suintilas, des Vambas ne ſubſiſtoit plus ; tout penchoit vers ſa ruine : les défenſes matérielles des Villes êtoient tombées, & les mœurs des peuples corrompuës par les éxemples honteux de (81) Vitiſa.

L'atrait

te, la vertu de Trajan, & la piété d'Antonin.

(79) Rodéric ſuccéda à Vitiſa : il avoit de rares qualités de corps & d'eſprit, mais toutes ſes vertus dès le commencement de ſon régne, furent balancées & preſque étoufées par des vices encore plus grands. Ses débauches, ſon intempérance & ſon imprudence le firent bien tôt haïr & mépriſer. Il viola la fille du Comte Julien, qui pour s'en venger apella les Mores en Eſpagne, & ce malheureux Roy mit fin par une bataille, dont ſa valeur fit balancer le ſuccès & que la trahiſon des ſiens lui fit perdre, à la Monarchie des Goths en Eſpagne.

(80) Les Goths avoient porté leurs armes victorieuſes dans toutes les parties du monde. Ataulfe donna commencement à leur Monarchie en Eſpagne l'an 415. Siſebute régna vers l'an 612. Il fut recommandable par ſa valeur, par ſa prudence, par ſa ſcience, & par l'amour qu'il avoit pour la Religion Catholique. Il fit la guerre aux Grecs qui tenoient encore quelques provinces vers le détroit de Cadix le long de l'Océan, & prit pluſieurs villes dont ils êtoient maîtres. Suintilas qui s'êtoit diſtingué dans les Armées fut choiſi pour être ſon ſucceſſeur. Il réduiſit les Gaſcons qui s'êtoient révoltés, & chaſſa entiérement les Grecs de l'Eſpagne. Siſenande ſe révolta contre lui, prétendant que ce Prince en s'aſſociant ſon fils encore enfant, ſans en avoir demandé le conſentement aux Seigneurs, avoit violé le droit de la Nation. Il l'obligea de s'enfuir, & régna après lui. Vamba fut élû & n'acquieſça qu'avec beaucoup de peine aux inſtances des Grands qui le regardoient comme l'homme le plus capable de porter le poids des afaires ; il vainquit les Gaſcons & les Sarazins qui déſoloient les frontiéres de l'Eſpagne.

(81) Le régne de Vitiſa fut déshonoré par toutes ſortes d'infamies. Il ramaſſa d'abord un grand nombre de concubines, qu'il traita comme autant de Reines & d'épouſes légitimes. Il fit même publier une Loy pour autoriſer ce déſordre, & qui donnoit la même licence à tout le monde, au peuple & aux grands Seigneurs, aux Ecléſiaſtiques & à toutes ſortes de gens qui ſuivoient ſans peine le mauvais éxemple du Prince, croyant par-là faire leur cour, & rendre une eſpéce d'hommage à ſon autorité. Le Royaume que les Goths poſſédoient comme le fruit de la valeur & de la vertu de leurs Ancêtres,

L'atrait des voluptés est puissant, la violence des passions est extrême : le généreux naturel d'un Magne II (82) Roy de Suéde, l'éducation héroïque d'un (83) Néron, cédent aux plaisirs qui les combatent ; le vice s'insinuë, la perte suit.

La grandeur des seuls Rois d'Aragon, fut indépendante de l'état de leur Monarchie. Tous furent de grands Rois, distingués par leurs vertus, depuis Ramire I (84), & même depuis Garcias Ximénès, jusqu'à Ferdinand le Catholique;

se perdit par l'abondance & la volupté qui en sont la suite.

(82) L'Histoire nous représente Magne II, comme un Roy qui eût pû se distinguer, mais qui moins sévére que les autres Rois Goths ses ayeux & plus négligent qu'eux, se laissa prévenir par les Danois qui firent des descentes dans ses Etats, & lui en enlevérent une partie.

(83) Néron prit les rénes de l'Empire à 18 ans. Il déféra quelque tems aux sages conseils de Burrus & de Séné-que, dont l'un avoit été son Gouverneur, & l'autre son Précepteur. Au commencement de son régne, il protesta qu'il vouloit imiter Auguste, il ne laissa passer aucune ocasion de témoigner sa libéralité & sa clémence. Un jour qu'on lui présenta la sentence d'un homme condanné à mort pour la signer : Je voudrois, dit-il, ne pas sçavoir écrire. Le Sénat lui rendant graces de sa juste administration, il répondit avec une grande modestie : Il en sera tems lorsque je l'aurai mérité. Enfin pendant les cinq premiéres années de son Régne il gouverna en très bon Prince ; mais depuis il s'abandonna à des désordres honteux & à des crimes horribles. Il empoisonna Britannicus, fit mourir sa mére, sa femme, Sénéque. Il eut souhaité que le genre humain n'eût eu qu'une tête, pour avoir le plaisir de la couper. Il fit mettre le feu à Rome, & l'on dit que monté sur le haut d'une tour, il chantoit l'embrasement de Troye : enfin fuï & haï, il se donna la mort, ne pouvant y avoir pour un tel monstre un plus infame bourreau que lui-même.

(84) Ramire I étoit fils naturel de Sanche le Grand qui avoit réuni tous les Royaumes d'Espagne. Ramire quoique bâtard eut un partage égal à celui des Princes légitimes : il avoit mérité cette faveur par la générosité qu'il avoit fait paroître, en ofrant de sacrifier sa vie à la défense de l'honneur & de l'innocence de la Reine sa belle-mére, qui avoit été injustement acusée par ses propres enfans. Ramire fut le premier qui porta le titre de Roy d'Aragon. Garcias Ximénès & ses successeurs n'eurent point une domination aussi étenduë ; ils s'étoient retirés dans les montagnes d'Aragon ; nous avons dit en parlant de Garcias Ximénès, ce qu'on devoit penser sur le titre qu'il prenoit, & que prirent après lui ses successeurs. Ramire ataqua les Mores voisins de ses Etats avec succès. Ce fut un Roy distingué par sa grandeur d'ame, par son expérience & son habileté dans la guerre.

lique; nul ne fut incapable ni voluptueux : dans les autres Monarchies, les premiers Rois furent ordinairement les plus grands Rois ; dans celle d'Aragon, le dernier fut le plus grand. La vertu, à l'imitation des plantes naturelles, alla toujours en augmentant ; le tems, loin de l'afoiblir, ne lui donna que plus de force & plus de maturité.

La perfection d'un Roy dépend beaucoup de celle de ses sujets : chez une Nation corompuë, tout ataque la vertu du Prince, rien ne la défend ; une Nation vertueuse sert à son Roy d'éxemple ou de reproche. Les inclinations éféminées des voluptueux Assiriens se communiquoient à leurs Rois, si l'on doit apeller Rois, huit monstres qui précédérent (85) Sardanapale : les Lacédémoniens au contraire sobres & prudens, excitoient leurs Rois à la pratique des vertus par les éxemples qu'ils leur en donnoient. Les Perses adonnés à toutes sortes de vices & à des dépenses excessives pour leur table & leurs habits, inspiroient de semblables inclinations à leurs Princes, en sorte que toute l'Asie ne sufisoit point à leur somptueuse vanité : au contraire les Macédoniens économes & réglés, avoient des Rois énemis du faste, mais remplis de grandeur d'ame.

C'est là ce qui fait qu'il y a eu des Nations si fécondes en grands Rois, & d'autres qui l'ont êté si peu. Chaque Noble d'Aragon êtoit pour son Roy un éxemple continuel de vertus : nation propre pour former des Rois héros.

Ferdinand eut toutes les vertus des grands hommes, mais il eut particuliérement celles des grands Rois. Ceux qui

(85) Depuis Ninias jusqu'à Sardanapale le nombre des Rois est fort incertain. Ils sont aussi peu connus les uns que les autres, & le silence de l'Histoire semble nous dire qu'ils furent fainéans & voluptueux. Je ne crois pas qu'elle fournisse quelque raison particuliére, pour justifier la restriction qu'en fait Gracian seulement aux huit derniers.

qui ont prétendu définir un Prince parfait, ont entassé vertus sur vertus ; il est plus facile d'en discourir, que de les acquérir.

Plusieurs ont eu les vertus de l'homme, & les vices du Roy. Garcias (86) avoit beaucoup de religion, mais il eut été mieux dans une célule, que sur le Trône. Ramire (87) l'Aragonois, & Henri (88) le Portugais, étoient capables de gouverner un Monastére, incapables de gouverner un Etat.

D'autres au contraire ont eu les vertus du Roy, & les vices de l'homme. Ils furent portés à leur excès dans Aléxandre, & dans César : Jacques le Batailleur (89), quelquefois

(86) Il y a eu un Garcias Sanche Roy de Navarre dans le neuviéme siécle. Il renonça à la Couronne pour s'enfermer dans un Monastére ; mais l'Histoire nous le représente comme un Prince qui eut aussi peu les vertus de l'homme que celles de Roy, & qui se fit Moine, moins par un sentiment de piété que par l'amour du repos & de l'oisiveté. Ce que dit Gracian paroît encore moins convenir aux autres Rois de ce nom.

(87) Ramire II, Roy d'Aragon, frére d'Alfonse I, fut tiré du cloître pour lui succéder. Ce Prince qui avoit été Moine pendant 40 ans, sentant lui-même son incapacité, & le peu de cas que ses sujets faisoient de sa personne, se démit volontairement du gouvernement de ses Etats, pour mener une vie pieuse & plus tranquile. Raymond Comte de Barcelone qui avoit épousé Pétronille, fille de Ramire, lui succéda. Ramire avoit condescendu aux désirs de ses peuples, & quoiqu'il fût vieux, il s'étoit marié ; le Pape le lui avoit permis. L'époque est du douziéme siécle.

(88) Henri Roy & Cardinal mourut en 1580. Le peuple qui l'aimoit sincérement le pleura ; les Religieux s'en consolérent, parce qu'il leur faisoit observer leur régle avec trop de rigidité. Il ne voulut point nommer son successeur, se contentant de dire que les Juges en décideroient selon le droit & l'équité. Ce Prince avoit un esprit borné & quelque légére teinture des sciences. Il étoit jaloux de son pouvoir, plein de zéle pour la véritable Religion, énemi irréconciliable des Juifs & des Eclésiastiques scandaleux : il fut Archevêque, Cardinal, Régent du Royaume, Grand Inquisiteur, Légat Apostolique & Roy ; mais son incapacité le rendit toujours dépendant de ses Ministres, qui lui faisoient acroire tout ce qu'ils vouloient. Il gardoit un vif souvenir des injures, passion ordinaire des ames foibles. Il eut les vertus d'un bon Prêtre, & les défauts d'un Prince dans un égal dégré.

(89) Jacques Roy d'Aragon s'abandonna trop à son penchant pour les femmes. Avec ce vice l'on n'est point un homme parfait, mais on peut être

quefois homme négligent, toujours Roy atentif, régna à l'âge de dix ans avec la valeur de trente, & la maturité de cent.

Les vertus Royales sont éminentes, & d'un ordre supérieur : elles remplirent de grands vuides dans Denis (90) Roy de Portugal : Henri IV, Roy de France sera toujours célébre, parce qu'il eut les vertus qui font les Rois.

Chaque état a ses devoirs qui lui sont propres : il y a des héros en toute sorte de genres ; ce sont ceux dont on compte les vertus, par le nombre des devoirs qu'ils ont à remplir. Nos devoirs sont les vertus, qui doivent tenir le premier rang dans notre estime : c'est une justice qui leur est dûë, que leur rendoit Alfonse (91) le Magnanime ; il s'atachoit

un grand Roy.

(90) Denis fut surnommé le Pére de la Patrie. Il avoit épousé Isabelle, fille de Pierre III, Roy d'Aragon. C'est cette vertueuse Princesse qui a mérité par sa piété d'être mise au catalogue des Saints : il lui fut redevable d'une partie de sa gloire ; car s'étant brouillé au commencement de son régne avec les Eclésiastiques de son Royaume, & depuis avec son fils, la Reine pacifia tout. Denis après avoir chassé entiérement les Mores de ses Etats, maintint son Royaume dans une longue paix, qu'il ne voulut jamais rompre pour des intérêts étrangers. Il bâtit ou rétablit plus de 40 villes, ce qui lui fit donner le surnom de *Fabricateur.* Il fonda l'Ordre Militaire de J. C. Il fut choisi par les Rois de Castille & d'Aragon pour être l'arbitre de leurs diférens, & mourut le Prince le plus heureux de son siécle. Ses enfans naturels sont une preuve qu'il fut sujet à l'incontinence : la honte de ce vice fut éfacée par ses grandes qualités pour le gouvernement.

(91) Les quatre premiéres lignes de cette phrase sont moins la traduction du texte, que le texte paraphrasé. Le François ne peut pas toujours réunir la force & la briéveté de l'Espagnol. Cet Alfonse dont il s'agit est connu dans l'histoire sous le nom d'Alfonse I, Roy de Naples, ou d'Alfonse V, Roi d'Aragon. Il est surnommé le Sage, & le Magnanime. Voici l'éloge qu'en fait un Historien : Il avoit l'esprit grand, élevé, du goût pour les belles lettres, & de la libéralité pour les gens savans ; il suportoit avec patience les veilles & le travail ; il marchoit avec promtitude vers les endroits où sa présence étoit nécessaire ; la peine ni les dificultés ne le rebutoient jamais : il enduroit avec patience le froid, le chaud & la disette ; mais il souilla toutes ces belles qualités par son atachement criminel pour les femmes. On lui reproche aussi de l'ingratitude envers la Reine Jeanne sa mére adoptive, qu'il assiégea dans un Château du Royaume de Naples, où

s'atachoit à les remplir avec une éxactitude, pour ainsi dire, inquiéte & scrupuleuse. Que sert à un Roy de connoître les secrets des mathématiques, s'il ignore ceux du gouvernement ? Alfonse mal surnommé (92) le Sage, présumoit de corriger la construction de l'Univers, & se trouvoit au point de perdre son Etat.

Les élémens par leur mélange, acquiérent de nouvelles propriétés ; mais ils conservent toujours dans un dégré éminent celles qui leur sont propres, & dans toute autre ocasion l'éfet en est positif. *Vamba Roy des Goths, veut ignorer ses talens* (93), *il n'en est que plus grand.* Les premiers Ottomans

elle mourut, & dont il ne recueillit pas moins la succession ; il laissa à un fils bâtard la Couronne qu'il avoit acquise par une si grande injustice, & Jean II, le pére de Ferdinand, lui succéda dans le Royaume d'Aragon.

(92) Alfonse X du nom, Roy de Castille surnommé le Sage & l'Astronome, fut moins éclairé dans la Politique, qu'il ne l'étoit dans les sciences, ce qui parut par les fautes qu'il fit en matiére de gouvernement. Les Electeurs le choisirent pour Empereur, & il sperdit l'Empire par sa négligence ; Sanche son fils le dépouilla de ses Etats. Cet infortuné pére eut recours au Roy de Maroc : mais n'aïant pû réussir, il se retira à Séville où après avoir maudit son fils ingrat, il mourut de déplaisir deux ans après l'an 1284. On raporte de ce Prince, que considérant en Astronome les merveilles de la Création du monde, il osa dire que si Dieu l'eût apellé. qu'il lui auroit donné de bons conseils.

(93) Gracian est regardé communément, comme un Auteur obscur ; mais dans ce traité l'obscurité de l'histoire se joint à l'obscurité qui envelope presque toujours ses pensées. La traduction littérale de cette phrase & de deux autres en sera la preuve. *Le Goth Vamba se dissimule, parce qu'il est Roy superlatif.* Il ne faut point considérer ce que dit Gracian, mais ce qu'il veut dire. L'estime que les Seigneurs Goths avoient de Vamba fit qu'ils le choisirent pour régner. Vamba sembloit être le seul qui ignorât ses talens : vertu rare parmi les particuliers, mais encore plus parmi ceux qui sont élevés aux dignités supérieures ! Il n'accepta la Couronne qu'après plusieurs refus, des priéres & des instances réitérées. *Vamba Roy des Goths, veut ignorer ses talens, il n'en est que plus grand.* Le second trait est sur Soliman : *Il aspira*, dit Gracian, *à la conquéte de Malte, & s'il ne s'en rendit point le maitre, c'est qu'à ses deux puissans bras désunis, manqua l'assistance d'une si grande téte.* Cette pensée qui n'est point intelligible, le devient de cette maniére : *Il aspira à la conquéte de Malte : il en confia l'éxécution aux deux Bachas Mustapha & Piali, ses deux bras puissans ; mais cette grande téte ne les assistant point, la jalousie les divisa, & sauva les Maltois.* Ce qui est encore plus

mans ſemblent par leurs actions, démentir ceux qui les mettent au nombre des Nations barbares : ils furent moins & plus qu'hommes, par la rudeſſe de leurs mœurs, & par l'excès de leur valeur.

Ce n'eſt point une ſeule vertu, c'eſt la réunion de toutes qui forme un Prince parfait : un Othon Empereur (94), un Clovis Roy de France, un Ferdinand III (95) Roy de Caſtille : la prudente nature a raſſemblé dans la tête toutes les facultés, pour donner aux Rois un éxemple de ce qu'ils doivent être.

Les vertus de l'honnête homme ſe conciliérent dans Rodolfe I (96) avec celles du grand Roy ; elles ne ſont point opoſées, au contraire elles ſont favorables les unes aux autres : maxime évidemment certaine, puiſqu'il n'y a eu de Princes parfaits, que parmi les Chrétiens ; au récit de leurs actions,

détaillé dans la note qui y eſt jointe. Voici le troiſiéme trait : *Il n'y a point de plus dangereux énemi que de n'en avoir point. Sentence de Metellus, quand ce de Carthage, & que l'on fût détrompé par une funeſte expérience.* Comment rendre cette phraſe d'une maniére ſatisfaiſante, ſi l'on ne ſçait point que cette ſentence fut dite à l'ocaſion de la conſultation faite au Sénat, ſur la deſtruction de Carthage. L'explication & la critique ſe trouve dans une des notes ſuivantes. Je ne rapelle point pluſieurs autres traits. Ces trois doivent ſufire.

(94) Othon ſuccéda à ſon pére Henri de la Maiſon de Saxe, l'an 936. Il vainquit les Rois de Hongrie & de Bohéme, réduiſit quelques rébelles, rétablit le calme en Allemagne, détruiſit les Bérengers en Italie, prit Rome, & y rétablit Jean XIII, qui en avoit été chaſſé. Ce Prince fut recommandable par ſa valeur, ſa bonté & ſa juſtice.

(95) Ferdinand III poſſédoit dans un éminent dégré toutes les belles qualités du corps & de l'eſprit. Ses vertus, ſes bonnes mœurs, ſa probité lui ont acquis le nom de Saint. On auroit de la peine à décider de ce qui prévalut dans la perſonne de ce Prince, ou du courage, ou du bonheur, ou de la ſainteté. Il étoit dur, & ſévére à lui-même, compatiſſant & doux envers les autres. Il remplit parfaitement pendant tout le cours de ſa vie, les devoirs d'un homme juſte, & plein de probité.

(96) Rodolfe fut encore plus heureux, qu'il ne fut grand. Pluſieurs Hiſtoriens regardent ſon élévation à l'Empire comme la récompenſe de ſa piété : on en raporte ce trait : Rodolfe ayant trouvé dans la campagne un Curé à pié, qui portoit le S. Sacrement à un malade, deſcendit de ſon cheval, y fit monter le Curé, & le ſuivit à pié. Cette dévotion pour le S. Sacrement

actions, *la politique fondée sur l'impiété*, (97) se trouve condannée, aveuglée, réduite au silence.

Le meilleur des Gentils fut Trajan (98) : il semble que les Catholiques l'aïent envié au Paganisme : les Péres de l'Eglise ont été touchés de ses vertus (99) ; que n'eussent-ils pas fait pour le retirer des peines éternelles, si leurs vœux, leurs priéres eussent pû lui être aussi utiles, que leur estime & leur afection êtoit sincére? Mais quelle comparaison en peut-on faire avec Théodose Empereur? Celui-ci eut d'aussi grandes vertus, & en eut en plus grand nombre : Trajan couroit après les honneurs, & Théodose se contentoit de les mériter : celui-là sollicitoit les triomphes, & celui-ci les victoires : Théodose le surpassa en retenuë & en sobriété ; il avoit été élevé (100) par ce grand Archevêque

s'est en quelque façon perpétuée dans la Maison d'Autriche.

(97) Le texte Espagnol est un peu diférent : il y avoit *les deux Politiques impies*; & c'est de Machiavel & de Bodin que Gracian parloit. Tous deux ont établi des maximes contraires à la justice & à la religion, n'aïant eû d'autre objet que les intérêts des Princes : & comme en éfet c'est l'intérêt qui souvent les détermine au préjudice des devoirs de l'honnête homme & du Chrétien, *Vicquefort* remarque judicieusement, que si Machiavel n'a point représenté les Princes tels qu'ils doivent être, il les a représentés tels qu'ils sont.

(98) Trajan, un des plus grands Princes qui aïent régné dans le Paganisme, eut beaucoup de vertus & de grandes vertus ; mais il en ternit l'éclat par ses excès de débauche. Pline le Jeune a fait le panégyrique de cet Empereur. Il s'est lui-même immortalisé, en immortalisant Trajan. On n'admire guères moins l'éloquence de l'Orateur, que la grandeur du héros.

(99) C'est la conclusion que tire Gracian en homme d'esprit, d'un conte qu'il ne croyoit point; que Grégoire le Grand, voyant une statuë de Trajan répréſentant cet Empereur pressé de partir pour la guerre, & qui néanmoins s'arrêtoit & descendoit de cheval pour rendre justice à une femme qui la lui demandoit, fut si touché de cette action d'équité, qu'il pria Dieu de retirer des enfers l'ame de Trajan. Ce trait apocryphe a été refuté par plusieurs Savans.

(100) Théodose dit le Grand, fut un Prince très acompli, distingué par son courage & sa prudence; mais Gracian se trompe lorsqu'il dit qu'il avoit été élevé par Saint Ambroise Archevêque de Milan. Nous ne voyons point qu'ils aïent jamais eu aucune relation l'un avec l'autre avant le carnage fait à Thessalonique en 390. Les habitans de cette ville ayant tué dans une sédition un des Lieutenans Généraux de l'Em-

vêque de Milan, acoutumé de former pour l'Eglise des héros dans l'un & dans l'autre état.

Henri entre les Empereurs, & (101) Louis entre les Rois, prouvent que la sainteté ne nuit point à la Royauté.

Il y a des Princes qui n'ont aucune vertu personnelle, & à qui leur emploi ne donne aucun relief : ils font nombre, & c'est tout : Claude (102) en fut un, de qui Séné-que dit, que personne ne sçut qu'il avoit cessé d'être, parce que personne n'avoit sçu qu'il eut été. Charles le Simple fut Roy sans régner, il passoit pour mort long-tems avant que de mourir : Amurat III & (103) Mahomet III pouvoient

pereur, Théodose en fut si cruellement irrité, qu'il abandonna cette ville à la discrétion de ses troupes qui y tuérent jusqu'à 15000 personnes. Quelque tems après cette action barbare, Théodose êtant venu à Milan, Saint Ambroise lui refusa la porte de l'Eglise, & ne lui en permit l'entrée qu'après qu'il eut fait une pénitence de huit mois. Cet Empereur mourut en 395, âgé de 60 ans.

(101) C'est Louis IX, Roy de France, & l'Empereur Henri II, l'un & l'autre mis au nombre des Saints. Cet Henri II succéda à Othon III, l'an 1002. Il calma les troubles d'Allemagne, une partie par sa valeur, & l'autre par sa libéralité. Il passa en Italie où il défit les Grecs & les Sarrazins, & prit Naples. Sa piété ne fit que donner plus d'éclat aux qualités Royales d'esprit & de cœur, par lesquelles il fut également distingué.

(102) Claude pendant son enfance, & même durant son adolescence, fut presque toujours malade de corps & d'esprit. Il parvint à l'Empire par un événement assez singulier. S'étant caché pour fuir les assassins qui avoient fait mourir Caligula, il fut découvert par un soldat qui le salua Empereur; & qui le mena à ses compagnons. Il passa la nuit à leur corps de garde, & il leur promit 15 sesterces par tête. Le lendemain ces gens de guerre lui prétérent serment de fidélité. Il se laissa gouverner par ses Afranchis, & sa stupidité fut si grande, que chacun la connoissoit, & en faisoit des railleries. Les personnes de néant qu'il avoit auprès de lui, s'emparérent de tout le pouvoir ; ils déshonorérent l'Empire par toutes sortes d'impudicités, suivies d'une infinité de bannissemens, de massacres & de proscriptions. Il adopta Néron fils d'Agrippine, au préjudice de Britannicus son fils, & Agrippine empoisonna ce malheureux Empereur, pour ne lui point laisser le tems de se retracter.

(103) Ces deux Empereurs Turcs s'abandonnérent aux plaisirs. Amurat III avoit succédé à Sélim II, dont le régne avoit été extraordinairement brillant. Mahomet III, fils d'Amurat, fut encore inférieur à son pére, & peu s'en falut que les Janissaires, indignés de son indolence, ne passassent des murmures à la révolte.

voient être de grands Princes, ils fixérent leur félicité à n'être rien.

Ce choix quoiqu'extrême est encore suportable ; il y a de plus grandes horreurs, remplir le vuide des vertus par d'abominables vices : Néron fut un de ces monstres exécrables, amphibie entre l'homme & la bête. Les six premiéres (104) années, il eût pû être mis en paralléle avec le meilleur Prince, & les six derniéres avec le plus détestable. Le ciel destina un oracle de prudence, pour être maître d'un monstre de cruauté. Les leçons profitérent peu, où la nature répugnoit : qu'auroit-ce été, s'il n'eût point eu un Sénéque pour maître?

Néron eût été le plus infâme de tous les Princes, s'il n'y eût point eu d'Eliogabale : celui-ci dégénéra de la bête même, on ne s'en souvient qu'avec indignation ; l'un & l'autre eurent les derniers vices de l'homme & du Roy.

Les fautes des Princes sont éternelles : nés dans le plus intérieur de leur Palais, leur naissance est aussi cachée que leur premiére démarche est éclairée : le premier instant décide pour toujours ; & l'inadvertance d'un moment, sert éternellement d'objet à la critique de la postérité.

On est imparfait, si l'on manque d'une seule qualité ; c'est dans leur réunion que consiste la perfection : les Rois plus élevés que les autres hommes, doivent s'atacher plus qu'eux à y ateindre.

Les vertus ou les vices qui concernent les devoirs essentiels de notre état, sont ceux qui sont les plus remarqués : les obligations s'apellent par métaphore liens ; & ce sont en

(104) Les six années ne furent point entiérement remplies, & les Auteurs apellent communément les premiéres bonnes années de cet Empereur, *quinquennium Neronis.*

en éfet les liens qui aſſujétiſſent davantage.

Les Etrangers animés de l'eſprit de partialité, ont éxagéré les moindres défauts de Ferdinand : ceux qu'ils trouvent excuſables dans leurs Princes, doivent-ils être condannables dans ce Roy, parce qu'il fut plus grand Roy ? Ses fautes ne furent point les éfets du vice, le tems les diſculpa toujours : ce n'êtoit pas manquer que de temporiſer, lorſque l'ocaſion le requéroit : ſe peut-il que d'une part les Etrangers lui atribuent toutes ſortes de défauts, & que les Eſpagnols de l'autre lui refuſent toutes ſortes de vertus ; que (105) les uns nient ſes actions les mieux concertées, que les autres multiplient ſes défauts ?

Jamais les Eſpagnols dans les fautes qu'ils lui ont reprochées, ne l'ont acuſé d'excès : ce qui paroît extrême dans un Roy, dans un autre ne l'eſt point. Il corrigea par ſa modération, la prodigalité exceſſive des deux Rois (106) ſes prédéceſſeurs ;

(105) *L'Hiſtoire d'Eſpagne*, dit Vicquefort, *au lieu de juſtifier Ferdinand de ſes perfidies, l'excuſe ſur la néceſſité où il ſe trouvoit réduit par l'infidélité des Princes à qui il avoit à faire, de prévenir par ſes trahiſons celles qu'on vouloit lui faire. Zurita, qui ſemble n'avoir composé ſon hiſtoire (c'eſt-à-dire, les deux derniers tomes de ſes Ouvrages) que pour la faire ſervir de panégyrique à Ferdinand, ne peut s'empécher d'en parler en ces termes:* » Non ſeulement les Etrangers, mais » auſſi ceux du pays, l'ont blâmé de » n'avoir point gardé la parole & la » foy qu'il avoit donnée, & qu'il pré» féroit toujours la conſidération de » ſon intérêt, à ce qui êtoit juſte & » honnête, vû que le véritable fon» dement de la juſtice conſiſte en la » conſtance & en la fermeté des paroles, » & principalement en celle des œu» vres. Celui qui viole la foi, détruit » tout le bien univerſel des hommes. *Zurita pour l'excuſer ne le nie point; mais il dit qu'il n'eſt pas juſte de charger un ſeul Prince d'une faute, dont tous les Princes êtoient coupables.* Mais il reſte deux choſes à éxaminer : la premiére, ſi les Princes contemporains de Ferdinand, comme un Charles VIII & un Louis XII, l'ont mis dans la néceſſité de les prévenir par des fourberies : la ſeconde, ſi cette excuſe quoique vraye, peut être légitime, ſi elle s'acorde avec les loix de l'honneur & du Chriſtianiſme.

(106) Le reproche de Gracian peut tomber ſur Heuri IV, Roy de Caſtille, frére d'Iſabelle, & ſur Philippe Archiduc d'Autriche, qui fut Roy de Caſtille après la mort d'Iſabelle. Ce jeune Prince régna peu, & après ſa mort Fer-

prédéceſſeurs ; & s'il fut économe pour les autres, il le fut encore davantage pour lui-même. Sa manche de velours ſera toujours fameuſe, ainſi que le jupon ras de la Reine ſa femme.

Ferdinand eut toutes les vertus, mais il excella particuliérement dans l'art de gouverner ; grand Capitaine, ſon meilleur Conſeiller, habile économe, grand Juge, même grand Prélat, mais très grand Roy.

Pluſieurs ne reconnoiſſent pour grands Princes que ceux qui ont été grands Capitaines : ils réduiſent les devoirs d'un Monarque à ceux d'un Général, confondant l'univerſel avec le ſingulier, le ſupérieur avec l'inférieur. La vertu qui diſtingue les Rois, eſt moins celle de combatre, que celle de gouverner. Admirable éfort de notre Grand Roy

dinand fut plus que Régent de Caſtille. Henri & Philippe furent tous deux prodigues ; ils avoient aliéné les domaines de la Couronne, pour ſatisfaire à leur prodigalité. Un trait ſur l'un & l'autre de ces deux Rois ſufira. Diegue Arias, Intendant des Finances ſous Henri IV, lui repréſenta qu'il falloit diminuer le nombre des Miniſtres & des Oficiers qui épuiſoient les revenus de la Couronne par de groſſes penſions, ne faiſant rien pour les mériter, ni pour le ſervice de l'Etat. Le Roy lui repliqua, *Si j'étois Arias, j'aurois plus de penchant à épargner, qu'à faire des largeſſes.* Cette maxime eſt belle, & part d'une ame généreuſe ; mais il l'étendoit trop dans l'uſage, en donnant ſans diſtinction de perſonnes ni de mérite. Philippe faiſoit à peu-près de même, & l'on raporte de lui que ceux de ſon Conſeil lui ayant un jour demandé, s'il avoit fait un don qu'ils lui ſpécifiérent, il leur répondit, *qu'il ne s'en ſouvenoit pas ; mais qu'ils n'avoient qu'à ſçavoir de celui qu'ils prétendoient l'avoir reçû, s'il le lui avoit demandé, qu'en ce cas il étoit certain de le lui avoir acordé.* Lequel eſt le plus blamable d'avoir fait ce qu'il diſoit, ou de s'en vanter après l'avoir fait ? Quant à cette *Manche de velours* & ce *Jupon ras*, qui prouvent trop la modeſtie & l'économie de Ferdinand & d'Iſabelle, l'hiſtoire n'en parle pas ; mais la tradition en a conſervé le ſouvenir par des chanſons Eſpagnoles, où il en eſt parlé. Ils ménageoient leur argent avec une épargne qui les faiſoit paſſer pour avares dans l'eſprit de ceux qui ne ſavoient pas, qu'ils n'en avoient pas le quart de ce dont ils avoient beſoin pour l'éxécution de leurs vaſtes projets. J'ai retranché une phraſe qui ſuivoit, parce que dénuée des traits d'hiſtoire & de certaines anecdotes dont elle ſupoſe la connoiſſance, cette phraſe ſe trouve obſcure & ſans ſel. La voici : *Il ne retira jamais les graces qu'il avoit une fois*

Roy (107) Philippe IV! Quoiqu'universel en toutes sortes de belles qualités, d'un grand jugement, d'un génie heureux, d'une valeur héroïque, il s'est refusé à son inclination belliqueuse, pour se livrer tout entier au gouvernement; jugeant que l'art de bien gouverner doit couronner toutes les autres vertus Roïales, qu'il fait le caractére d'un Roy parfait.

Aurélien (108) fut un grand Capitaine, & ne fut point un grand Empereur. Charles de Bourgogne fut un grand guerrier, & ne sçut point gouverner. Le Tiran Saturnin (109) reconnut dans lui-même cette diférence, lorsque couronné malgré lui, *Aujourdhui, mes amis, dit-il, vous avez perdu un bon Capitaine, & fait un mauvais Roy.* Une même personne n'est point propre à tout. Il est bien vrai que la valeur est dans un Roy une vertu éclatante, que

Jacques

acordées, comme Denis Roy de Portugal; même il pourvut, autant qu'il lui fût possible, à empécher que ses successeurs ne les abrogeassent; ce que n'avoient point fait ni Jean Empereur, ni plusieurs autres.

(107) Philippe IV avoit voulu devancer le jugement de la postérité, & avoit pris le surnom de Grand. Gracian qui vivoit de son tems, auroit été fort mal venu à y faire son oposition. Le Comte de Villamena qui fut depuis assassiné au sortir du Palais, comparoit ce Roy à un trou, dont plus on en ôte, plus il est grand. Ce Comte avoit paru à deux combats de Taureaux. Au premier il avoit pour symbole un Diable avec cette devise, *Mas penado, y menos arrepentido. Plus je suis puni & moins je me repens.* Au second, c'étoient des Réaux, monnoye d'Espagne, & pour légende, *mis amores son reales.* Cette derniére qui auroit pû également marquer son amour, ou pour l'argent, ou pour la Reine qui n'étoit point en réputation de chasteté, fut cause de sa mort.

(108) Aurélien étoit d'une naissance fort obscure, & s'éleva par sa valeur aux premiéres dignités de l'Armée, & enfin à l'Empire même; mais il voulut conduire les afaires du Gouvernement par les régles de la guerre; il ne connoissoit aucun tempérament, & ne punissoit que de mort; & c'est ce qui l'a fait regarder avec justice comme un Empereur trop sanguinaire.

(109) Saturnin avoit servi sous les Empereurs Valérien & Galien. Il fut élevé à l'Empire par les soldats: il étoit à peuprès de même caractére qu'Aurélien. Sa trop grande sévérité le rendit peu propre au gouvernement, & il fut assassiné par les mêmes soldats qui l'avoient proclamé Empereur. Le discours que Gracian lui fait dire, est raporté par Trébellius Pollio.

Jacques Roy d'Aragon & Mahomet Empereur des Turcs ont acquis une réputation immortelle, par le ſuccès de leurs armes; mais ſi l'on péze tout avec une rigueur politique, le devoir d'un Roy n'eſt point renfermé dans celui d'un Capitaine, il s'étend à beaucoup plus de parties : d'un Roy parfait, d'un Trajan, d'un Charlemagne, d'un Ferdinand le Catholique, on feroit cent grands hommes, ſi on partageoit leurs vertus.

Tous les emplois que la République Romaine avoit repartis entre tant de grands hommes, Conſuls, Dictateurs, Tribuns, Cenſeurs, & Préfets, ſe réunirent en Céſar; un Prince doit être tout, & dans un dégré éminent.

Jamais l'on ne doit ſe livrer tout entier à une ſeule partie, c'eſt ſe refuſer aux autres : l'humeur (*voyez note* 27) vive du Roy Louis XIII ne lui fit jamais perdre de vûë la juſtice, la religion, le gouvernement, l'économie, & les autres vertus Roïales.

Tandis que Charlemagne portoit la guerre dans une Province, il travailloit à la paix, à l'acroiſſement & au bonheur des autres : ce fut pendant les guerres d'Allemagne qu'il fonda la célébre Univerſité (110) de Paris, & le grand

(110) Ce que quelques Auteurs ont écrit que Charlemagne établit l'Univerſité de Paris, n'eſt fondé que ſur des relations fabuleuſes. Le ſoin que prit cet Empereur ſavant pour faire fleurir les ſciences dans ſon Royaume, a pû donner lieu à cette erreur. On n'a aucun monument certain qu'il ait inſtitué une Univerſité dans Paris. Les premiers ſtatuts de l'Univerſité ne ſont que de l'an 1215. Philippe Auguſte lui donna des priviléges. Les Papes Innocent III, Honoré III, Innocent IV, & Alexandre IV, lui en donnérent auſſi; & comme les lettres que ces Papes adreſſoient aux Maîtres & aux Ecoliers commençoient par ces mots, *Noverit Univerſitas veſtra*, ou *Univerſitas Magiſtrorum & Scolarium*, le nom d'Univerſité leur en demeura. L'Univerſité n'étoit donc d'abord compoſée que d'écoliers & de Maîtres, & il n'y avoit point de cérémonie particuliére pour acquérir la qualité de Maître. Le tems que l'on avoit employé aux études, & la capacité ſeule la donnoit. Depuis on en diſtingua pluſieurs, & on fixa le tems que l'on devoit étudier ou enſeigner pour

le grand Parlement (111) de France.

Plus de Roïaumes ont péri par l'inclination trop martiale

les acquérir. Le nom de Bachelier se donnoit aux Novices dans la Milice, & s'apliqua par métaphore à ceux qui étudioient dans l'Université. Ils s'éxerçoient par de fréquentes disputes, auxquelles présidoient les Maîtres ou les Docteurs. C'est-là l'origine des Actes. Quand ils avoient achevé le tems prescrit de leurs études, ils êtoient Licentiés, & ensuite reçus Maîtres ou Docteurs; & c'est là l'établissement des trois dégrés de Bachelier, Licentié, & Docteur. C'est à ce tems que l'on doit rapeller l'époque de la perfection & de l'ordre qui s'introduisit dans l'Université de Paris.

(111) Voilà de grands mots dont se sert Gracian, & qui marquent bien qu'il se sentoit peu capable de parler avec certitude de l'établissement des Parlemens. Il est en vérité bien excusable, puisque parmi nous ceux qui ont le plus d'esprit & de connoissances ne conviennent point des faits. Le Comte de Boulainvilliers dans ses réflexions manuscrites sur l'histoire de France, prétend que les Parlemens ont succédé aux assemblées des Etats; mais ces assemblées ne décidoient guères que des afaires générales de l'Etat, rarement de celles des particuliers qui est l'objet des Parlemens. Les premiers siécles de notre histoire sont obscurs, & le gouvernement de la Nation a été dans ces derniers tems exposé à beaucoup de disputes. Comme le régne de Charlemagne est un des plus grands de notre histoire, on a cherché à y découvrir les principes des grands événemens. La dignité de son régne a pû causer une erreur sur l'établissement des Parlemens, comme l'amour des belles lettres qui fleurissoient de son tems, en a causé une semblable sur celui de l'Université. On reproche au Comte de Boulainvilliers une grande prévention en faveur de la Noblesse. On a crû que le chagrin qu'il avoit de n'être point employé, a été le grand principe de son systême, & qu'il n'avoit plaidé la cause de la Noblesse, que pour plaider la sienne: ses derniéres lettres ne ressemblent point aux premiéres. Quelques-uns ont crû que la justice se rendoit par les principaux Oficiers de la Couronne; d'autres ont crû que la connoissance en êtoit reservée aux Rois, qui la faisoient rendre en leur présence par les personnes qu'ils en jugeoient les plus capables. Ce qui est certain, c'est que cette maniére telle qu'elle fût, n'êtoit point acompagnée de toutes les formes d'aujourd'hui, que les afaires s'expédioient d'une maniére beaucoup plus promte, un peu à la façon des gens de guerre. L'histoire déclare positivement, que ce ne fut que Philippe le Bel qui voulant se défaire de l'importunité des plaideurs, & épargner à son peuple la grande dépense que l'on faisoit pour l'ordinaire à la suite de la Cour, déclara le Parlement, qui avoit été jusqu'alors ambulatoire, sédentaire à Paris par Edit de l'an 1302. Il n'y eut d'abord dans le Parlement qu'une seule Chambre; mais dans la suite la nécessité & le grand nombre des afaires, obligérent d'en créer de nouvelles. Ce ne fut que le Roy Philippe de Valois qui honora *les Maitres du Parlement*, (car c'est ainsi qu'on les apelloit) du titre de Présidens par son Edit de 1344. Les autres Rois établirent & créérent des Parlemens, suivant la nécessité des Provinces; & jamais dans aucun tems de la Monarchie, on ne leur en a dis-

tiale de leurs Princes, qu'autrement (112). On ſe fait premiérement la guerre à ſoi-même en apauvriſſant ſes Etats d'argent, & d'hommes qui en ſont la plus grande & la principale richeſſe.

Ferdinand n'entreprit jamais la guerre qu'il n'en eût prévu & balancé tous les éfets : il honora l'Eſpagne par ſes triomphes ; & les richeſſes dont elle fut comblée, furent le fruit de ſes victoires : tandis qu'il combatoit dans une Province, il triomphoit dans les autres ; il enrichit ſon Etat des biens ſpirituels & temporels ; il fit fleurir l'art militaire par ſes armées, & la juſtice (113) par l'établiſſement des Tribunaux.

Il réduiſit toujours les maximes de ſa politique aux circonſtances des tems : l'inclination d'un Prince doit correſpondre aux diſpoſitions de ſa Monarchie, ſoit que ſon naturel l'y porte, ou qu'il faille ſupléer à la nature par l'art & la prudence. Le premier eſt heureux & facile ; le ſecond plus dificile, eſt plus glorieux : l'un ou l'autre eſt néceſſaire pour aſſûrer la durée de l'Etat.

Il y a des tems où il faut qu'un Prince ſoit guerrier, & d'autres où il doit être pacifique. Le malheur eſt lorſque les circonſtances ſe contrequarrent, que les tems & les ocaſions ne ſe rencontrent point.

Un

puté le droit.

(112) Dans un autre endroit Gracian dit, *Plus d'Etats ont péri par défaut que par excès de valeur*. L'on doit rectifier cette contradiction par une troiſiéme penſée, que le défaut ou l'excès de valeur devient pernicieux ſuivant les circonſtances des tems, & c'eſt ce que Gracian lui-même dit dans un autre endroit.

(113) Ferdinand s'apliqua avec ſoin à réformer les abus qui s'étoient gliſſés dans le gouvernement, durant les troubles & les déſordres de l'Etat. Il fit un Recueil de Loix, & introduiſit plus d'ordre dans l'adminiſtration de la juſtice. Il porta des loix très ſévéres contre les blaſphémateurs. Quelques Hiſtoriens même diſent qu'il défendit les jeux de hazard. Il forma des milices pour détruire les voleurs qui infeſtoient les grands chemins.

Un Childéric (114) fainéant monta ſur le Trône lorſqu'il auroit falu à la France, un Mars pour Roy : François I (115) troubla la paix par ſon inclination belliqueuſe, lorſque ſon Roïaume & toute la Chrétienté fleuriſſoient par le repos.

Le tems donne aux actions leur relief, & ſur-tout aux actions des Rois ; les Etats ainſi que les années ont leurs ſaiſons : pluſieurs Rois euſſent été dignes fils de la Déeſſe de Mémoire, s'ils fuſſent nés dans celle qui leur convenoit.

Sébaſtien (116), Roy de Portugal parvint à la Monarchie lorſque tout étoit fait ; il ne trouva point à emploïer ſa

(114) Lorſque Childéric II monta ſur le Trône, la Nation étoit acoutumée à être gouvernée par les Maires du Palais, & il s'agiſſoit moins de la valeur du Roy, que de celle du Maire. Pépin qui fut depuis Roy, l'étoit alors. Il ſoumit les Gaſcons toujours prêts à ſe révolter, & vainquit les Allemands qui s'étoient aſſemblés pour ataquer la France. Il ſuccéda dans la dignité de Maire à Charles Martel qui s'étoit également rendu formidable aux énemis de la France.

(115) L'on ne doit point tant atribuer les malheurs de la France ſous le régne de François I, à l'inclination belliqueuſe de ce Prince, qu'à ſa négligence & à ſa témérité qui rendirent tous les deſſeins qu'il formoit funeſtes à ſon Royaume & à ſa propre perſonne. Les qualités de l'énemi qu'il eut en tête, firent paroître ſes défauts bien plus qu'ils n'auroient parû en d'autres conjonctures : ils avoient tous deux beaucoup d'eſprit, beaucoup de valeur, beaucoup d'ambition, mais tout cela étoit ſoutenu dans Charlequint par beaucoup d'aplication, de prudence, de fineſſe & de ruſe, & étoit mis fort mal en œuvre par François I, ſouvent trop franc & trop ouvert, trop aiſé à ſéduire par les aparences d'une ſincérité afectée, qui le faiſoient donner dans les piéges qu'on lui tendoit en toutes les négociations, & principalement dans les entrevûës qu'il eut avec l'Empereur, dont il fut toujours la dupe.

(116) Sébaſtien régnoit en Portugal vers le milieu du ſeiziéme ſiécle. Il eut beaucoup de zéle pour la Religion, & beaucoup de courage, ce qui lui fit entreprendre un voyage en Afrique contre les Mores. Il y mena l'élite de la Nobleſſe de Portugal. Son armée fut défaite, & l'on ne ſçut point ce qu'il étoit devenu. Gracian le blâme, parce qu'il ne réuſſit pas : ſi au contraire le ſuccès eût répondu aux eſpérances que firent naître ſa bravoure & l'armée qu'il conduiſoit, Gracian auroit inventé de nouvelles idées pour le louer ; il ne ſe ſeroit pas contenté de le comparer à Céſar, ni Liſbonne à Rome, quoiqu'il n'y ait aucune ſorte de raiſons dans le raport d'une de ces choſes à l'autre.

ſa valeur, il en chercha les moïens contre la diſpoſition des tems : s'il fût venu quelques ſiécles auparavant, il eut êté un Céſar, Liſbonne une autre Rome : Prince véritablement digne de naître dans des circonſtances plus favorables.

L'Empire Ottoman doit ſa grandeur à l'heureux concert des inclinations de ſes premiers Princes & de la diſpoſition de leur Etat. Au conquérant Mahomet ſuccéde l'heureux (117) Bajazet ; à celui-ci le valeureux Sélim, & à Sélim le ruſé Soliman, ſans que dans un ſi fréquent changement d'Empereurs, la fortune déclarée en leur faveur chancéle, ni que la valeur & leur renommée s'afoibliſſe.

Lorſque les mouvemens de guerre ſont vifs, que la réputation eſt univerſelle, que la bravoure militaire eſt dans ſa force, que la fortune eſt favorable ; s'il ſuccéde un Prince incapable ou fainéant, tout tombe.

Les Aragonois tardérent ſi peu à ſecouer le honteux joug des Africains, par la continuelle valeur de leurs Rois, qu'ils pûrent aller au ſecours de leurs voiſins & chaſſer entiérement le More de l'Eſpagne : les Rois ſe ſuccédoient, non ſeulement dans leurs Etats qui êtoient aſſez reſſerrés ; mais encore en valeur & en capacité qui auroient ſufi pour un monde entier.

Le Roy Sanche (118) mourut de la mort des héros, dans

(117) L'épithéte que donne Gracian à ces Empereurs Turcs leur convient aſſez, excepté celle d'heureux à Bajazet. Il eut véritablement toujours l'avantage ſur les Venitiens, mais d'un autre côté il eut toujours le deſſous en Egypte. Les Janiſſaires ſe révoltérent ſouvent contre lui, & après un régne de 31 ans, il fut obligé par la conſpiration des Grands de la Porte, de mettre la Couronne ſur la tête de ſon fils Sélim qui lui fit donner du poiſon par ſon Médecin. Ce Bajazet êtoit II du nom. C'eſt Bajazet I qui fut pris par Tamerlan.

(118) Sanche I, Roy d'Aragon ſucceſſeur & fils de Ramire I, mourut au ſiége de Hueſca, ville qui êtoit capitale d'un petit Royaume du même nom. Elle avoit êté fortifiée par les Romains, à qui elle parut ſi forte, qu'ils lui donnérent le nom de *Ville victorieuſe*. Pier-

dans la plus preſſante extrémité, tenant aſſiégée une Ville preſqu'imprenable, clef de ſes Etats, porte de ſes chrétiennes conquêtes. L'invincible Pierre ſon fils lui ſuccéda, Prince d'ocaſion qui fit plus que ſupléer à ſa perte ; il prit pour ſeptre une épée teinte de ſang infidéle, & vengea la mort du Roy ſon pére par celle de pluſieurs Rois.

Les Empires ont leur acroiſſement & leur période : ils croiſſent par une valeur héroïque, ſe conſervent par une valeur modérée, ſufiſante pour les empêcher de décroître : plus d'Etats ont péri par défaut que par excès de valeur.

Il y a des Nations à qui il faut un Roy guerrier, comme aux François ; & d'autres à qui il faut un Roy pacifique, comme aux Anglois : ce qui néanmoins peut varier dans de certaines conjonctures.

Il y a des Roïaumes où un Prince doit maintenir à la rigueur l'obſervation des Loix, & d'autres où il doit uſer de clémence. Dans un même Etat on a vu avec plaiſir ſuccéder un extrême à ſon contraire : après un Jean II & (119) un Henri prodigues, a ſuccédé à propos un Ferdinand économe, rachetant deux fois la Couronne ; premiérement de ſes propres vaſſaux, & enſuite de ſes énemis. Emanuel (120) Roy de Portugal ſe rendit recommendable

re ſon fils lui ſuccéda ; il leva d'abord de nouvelles troupes, & ayant rencontré les Mores, il les défit au nombre de 40 mille. Quatre Rois de ces Infidéles étonnés de cette perte, ſe liguérent l'année d'après contre lui. Il les défit encore, & peu de tems après prit Hueſca. Ramire, Sanche & Pierre, les trois premiers Rois d'Aragon, firent toujours la guerre aux Mores. Ils ſe diſtinguérent par leurs vertus, leur valeur & leur expérience militaire.

(119) C'eſt Jean II, Roy d'Aragon & Henri IV, Roy de Caſtille. Nous avons déja parlé de ce dernier. Jean II ne fut pas à beaucoup près ſi prodigue; c'étoit un Prince qui oublioit facilement les ſervices paſſés, ménageoit peu les perſonnes, dont il prévoyoit qu'il n'auroit pas béſoin : le préſent le déterminoit toujours, & la conſidération des ſervices n'étoit guéres obſervée dans ſes libéralités.

(120) Les Portugais nomment or-

mendable par sa bonté, après les rigueurs du Roy Jean son prédécesseur (121). Cette alternative & cette variété, ce flux & ce reflux de circonstances & d'inclinations, ne sert qu'à maintenir & assûrer davantage la durée des Empires.

Quand les Princes d'un même siécle sont valeureux & guerriers, un Roy enseveli dans les voluptés & amoli par les délices de la paix, est méprisé ; il est dangereux & funeste : sa foiblesse augmente l'orgueil de ses voisins, lui fait perdre la confiance de ses sujets qui envient aux autres Nations leurs Rois : fâcheuses extrémités ! tristes situations !

Si l'on manque d'expérience militaire, il faut y supléer par politique, discernement, savoir. C'est de cette maniére que Louis XI, Roy de France, résista à la valeur de Charles Duc de Bourgogne : il fit voir de combien l'art est supérieur à la force.

Ferdinand concourut avec des Princes de son génie, prudens, atentifs & politiques : il y a des époques de Rois, des

dinairement siécle d'or, le tems du régne d'Emanuel; mais c'est moins à cause de sa bonté & de sa douceur, qu'à cause des heureuses découvertes qui se firent de son tems. Il traita assez sévérement les Mores & les Juifs, chassant les uns, & obligeant les autres de se faire batiser. Il n'eut point lieu d'exercer aucune rigueur contre ses sujets, & l'histoire ne marque rien de particulier sur sa bonté : il sufit souvent pour paroître bon, de succéder à un Prince sévére. *Vasco de Gama*, *Améric Vespuce*, *Alvarés Cabral*, & quelques autres découvrirent sous ses auspices plusieurs pays inconnus, s'avancérent sur les côtes d'Ethiopie, dans le Royaume de Congo & ailleurs, & firent connoître son nom dans l'Afrique, dans l'Asie, & dans cette partie du monde, qu'on a apellé depuis Amérique, du nom de ce même *Améric Vespuce*. Les prospérités de son régne, le bonheur de ses entreprises, & l'avantage qu'il eut d'étendre le nom Chrétien dans des Royaumes barbares, lui ont fait donner avec justice le surnom de Prince très fortuné.

(121) C'est Jean II, dit le Sévére. L'éxactitude qu'il eut à faire observer la justice, lui fit donner ce surnom. Quelques Seigneurs de son Etat lui donnérent beaucoup de peine au commencement de son régne ; mais il dissipa leurs desseins, punit sévérement les chefs. Ferdinand Duc de Bragance,

des ſiécles où ils ſont tous guerriers, émules en valeur & en réputation. Tandis que l'invincible Charlequint gouvernoit l'Eſpagne, François I belliqueux régnoit en France, Soliman courageux en Turquie (122), tous trois grands Capitaines qui auroient aſſujéti le monde entier, s'ils n'euſſent point été rivaux; ils rompirent réciproquement leurs éforts, & arrêtérent les progrès de leurs armes.

Quelquefois ils ſont juſtes, pieux, remplis des idées de la Religion & de Dieu: Henri en Allemagne, Robert (123) en France, Canut (124) en Angleterre, & Boleſlas (125) en Pologne: & quelquefois ils ſont voluptueux, fainéans; Childéric en France, Rodéric en Eſpagne, & dans l'Empire

qui en étoit un, eut la tête coupée.

(122) Du même tems régnoit en Suéde Guſtave Eric-Son. Il s'éleva de particulier à la condition de Roy, par ſa valeur & ſon habileté. Du même tems encore régnoit en Pologne Sigiſmond I, un des plus grands Rois de cette Monarchie.

(123) Voici le caractére que le Pére Daniel fait du Roy Robert: *Il préféra toujours les avantages de ſes ſujets à ſa propre gloire. Ce fut un très bon Prince, plein de piété. Les bonnes œuvres dont il s'ocupoit, ſans négliger ſes devoirs, & ſur-tout ſa grande charité envers les pauvres, lui firent donner le ſurnom de Dévot, & ſa modération celui de Saint.*

(124) Canut I, Roy de Danemarc, puis d'Angleterre, vivoit vers le commencement du XIe ſiécle. Ses grandes actions lui méritérent le ſurnom de Grand: Il étoit naturellement vaillant, ambitieux; mais il modéra ces deux paſſions par les loix du Chriſtianiſme: ſa piété lui fit entreprendre le voyage de Rome. Il partagea entre ſes trois fils, l'Angleterre, la Norvége & le Danemarc.

(125) Boleſlas I, fut Duc & enſuite Roy de Pologne: il reçut le premier le titre de Roy du Pape Sylveſtre II, & l'Empereur Othon II afranchit, l'an 1001, ſon pays de la dépendance de l'Empire. Ce Prince travailla avec beaucoup de zéle pour le bien de la Religion & pour celui de ſes Etats. Gracian en fait ci-après un grand éloge. Il eſt certain qu'il ſe rendit pluſieurs Nations tributaires, qu'il rétablit Stopocus Duc de Ruſſie, que ſon frére Jaroſlas avoit détrôné; mais l'hiſtoire ne dit point qu'il ait élevé deux colonnes de bronze ſur les bords du fleuve Boriſténe. Gracian le dit peut-être dans un ſens métaphorique, pour exprimer juſqu'où il pouſſa ſes conquêtes, & dans ce ſens l'éloge qu'il en feroit ſeroit fort équivoque; car le fleuve Boriſténe, autrement Niéper, prend ſa ſource vers Moſcou, & enſuite paſſe ſur les frontiéres de Pologne, juſqu'où ce Prince auroit pû aller, ſans mériter que Gracian en fit le récit par un diſcours ſi pompeux.

l'Empire Philippique Bardanés (126) dont le ſurnom exprime la peſanteur & la groſſiéreté. Les Rois s'éveillent les uns & les autres, & ſemblablement s'aſſoupiſſent, ainſi que les oiſeaux qui s'excitent au chant ou au ſilence. Les trois Pierres (127) qui régnérent en même tems en Aragon, en Caſtille, & en Portugal, ſe reſſemblérent par le nom & la cruauté.

Ferdinand eut à ſe préſerver de la politique de (128) Louis XI,

(126) Philippique Bardanés Empereur d'Orient dans le VIIIe ſiécle, fit mourir Juſtinien Rhinotmet ſon prédéceſſeur, & ſe fit proclamer Empereur par les Soldats. L'hiſtoire dit qu'il ne s'étoit jamais vû dans aucun Prince, tant d'impiété & ſi peu d'eſprit. Quelques Patrices indignés lui crevérent les yeux, & l'envoyérent en éxil.

(127) Pierre IV, Roy d'Aragon, dit le cérémonieux, fut ainſi ſurnommé, parce qu'il étoit ſcrupuleux obſervateur des cérémonies: il fut extrémement ambitieux & ſanguinaire; il n'épargna pas ſon propre ſang, & fit mourir Ferdinand ſon frére. Pierre le Cruel, Roy de Caſtille régna après Alfonſe XI ſon pére. C'étoit un Prince d'un eſprit farouche, qui n'aimoit que le ſang, & le déſordre. L'injuſtice de ſon procédé envers Blanche de Bourbon qu'il avoit épouſée, & ſes cruautés portérent les Grands du Royaume à former un parti, dont Henri de Tranſtamare ſon frére naturel fut le Chef. Pierre outré de cette revolte fit empoiſonner la Reine Blanche en priſon, & ſe défiant de quelques Seigneurs, il les fit mourir de ſang froid, & envelopa dans leur perte deux Infants d'Aragon, & Frédéric ſon frére. Réduit au point de perdre ſon Etat, le déſeſpoir l'avoit fait réſoudre à ſe faire Mahometan, & à demander du ſecours aux Mores; mais il fut tué de la main d'Henri de Tranſtamare qui étoit déja maître de preſque toute la Caſtille, que les François ſous le commandement de Bertrand du Gueſclin lui avoient aidé à conquérir. Pierre I, Roy de Portugal, dit le Juſticier & le Cruel, ne mérita point tant ce nom odieux que les Rois d'Aragon & de Caſtille. Il gouverna ſes ſujets en paix, aima la juſtice, & ne témoigna de la haine que contre ceux qui avoient fait mourir ſa maîtreſſe Agnés de Caſtro, par les ordres du Roy ſon prédéceſſeur.

(128) Louis XI mourut peu d'années après que Ferdinand eut commencé à régner. Si les François euſſent toujours continué d'avoir des Louis XI pour Rois, Ferdinand ne les auroit pas ſi ſouvent trompés, & il ne ſe ſeroit pas tant agrandi, en profitant de la foibleſſe de Charles VIII, & de la bonne foy de Louis XII. Il y a peu de Princes dont on puiſſe faire un paralléle plus ſemblable que celui de Ferdinand & de Louis XI. On auroit de la peine à décider qui de ces deux Princes fut le plus grand politique. Je crois cependant que le paralléle ſeroit à l'avantage de Louis XI. Il eut plus d'habileté, & n'abuſa pas ſi ſouvent que Ferdinand de la religion & de la bonne foi. Ferdinand lui-même fut trompé dans la perſonne d'un de ſes Miniſtres par Louis XI. Voici comme ce

XI, de la prudence de Maximilien I (129), du discernement

trait est raporté par Vicquefort. *Ferdinand le Catholique qui trompoit plus souvent les autres qu'il n'étoit trompé, le fut pourtant vilainement par un nommé Lucena, qu'il envoya Ambassadeur en Angleterre en l'an 1475. Louis XI, qui ne manquoit jamais de profiter des ocasions qui se présentoient, se le fit amener, & ayant reconnu la vanité & l'avarice du personnage, lui fit tant de chére, tant de présens & tant de promesses, jusqu'à l'assûrer d'un chapeau de Cardinal, qu'il n'en tira pas seulement tout le secret de son instruction, mais aussi tout le succès de sa négociation, lorsqu'il repassa par la France au retour de son voyage.*

(129) Jamais la prudence n'a fait le caractére de Maximilien. Ce Prince inconstant & prodigue étoit insatiable d'argent, & le désir d'en avoir étoit le ressort de toutes ses actions. Son bonheur lui fit acquérir par des mariages de puissans Etats. Ce bonheur n'abandonna point ses enfans; éxaminons quelles furent les suites de leurs mariages. Nous verrons en même tems combien Maximilien en les mariant, suivit peu les régles de la prudence. Maximilien avoit deux enfans, l'Archiduc Philippe & l'Archiduchesse Marguerite. Voici le plan que forma Ferdinand: on y reconnoîtra un politique très habile & très intéressé. Il avoit un fils & quatre filles. Le fils se nommoit Jean comme son ayeul paternel, l'aînée des filles s'apelloit Isabelle; la seconde, Jeanne; la troisiéme, Marie, & la derniere Catherine. La Loy fondamentale d'Espagne donnoit au fils le Royaume d'Aragon que son pére possédoit, & le Royaume de Castille que sa mére avoit aporté en mariage, sans que ses quatre sœurs y pussent rien prétendre; & s'il mouroit sans enfans, l'aînée de ses sœurs devoit entiérement recueillir cette succession, sans en faire aucune part à ses trois cadettes. Ferdinand vouloit bien que les Etats des Maisons de Bourgogne & d'Autriche entrassent dans la sienne, mais il ne vouloit pas que ses Royaumes & ceux de sa femme passassent dans une Maison Etrangére, de maniére qu'il n'ofrit à Maximilien que sa seconde fille pour l'Archiduc; parce que suivant les aparences, il y avoit lieu de présumer que le mariage de l'Infant d'Espagne avec l'Archiduchesse ne seroit pas stérile; & quand il arriveroit qu'il le fut, Ferdinand se flatoit que celui de l'aînée des Infantes d'Espagne destinée à épouser Emanuel Roy de Portugal ne le seroit pas, & par conséquent si sa succession & celle d'Isabelle sortoit de la Maison d'Aragon, elle ne sortiroit pas de l'Espagne, qui seroit par-là réunie sous un seul Monarque. Ferdinand fit donc parler à l'Empereur d'une double aliance avec cette disproportion, que son fils unique épousât la fille unique de l'Empereur, & que néanmoins le fils unique de Maximilien n'épousât que la seconde de ses filles. La proposition étoit ridicule d'elle-même, puisqu'elle alloit directement contre la bienséance, l'avantage n'étant point égal des deux côtés, & rien ne pressant encore Maximilien de marier ses enfans: cependant elle fut acceptée par une disposition extraordinaire de la Providence divine qui veilloit au bonheur de la Maison d'Autriche. Dieu pour punir l'ambition de Ferdinand, lui enleva ce fils qui en avoit fait tout l'objet. Il mourut à l'âge de 19 ans, sans laisser de postérité: Isabelle sa sœur, mariée deux fois en Portugal n'en laissa point non plus, & toute la riche succession de Ferdinand fut recueillie par Charlequint petit-fils de l'Empereur

ment d'Aléxandre VI (130), & de la ruse de Ludovic le More (131): il se comporta avec eux selon leur génie, & il donna à chacun d'eux leur écheveau à démêler.

Ce fut un siécle de Politiques, mais Ferdinand fut leur maître; il fut un politique prudent, & non un politique rusé (132): deux choses qu'il faut bien distinguer.

C'est

Maximilien du chef de sa mére Jeanne dite la Folle, seconde fille, & troisiéme enfant de Ferdinand.

(130) Aléxandre VI avoit de bonnes & de mauvaises qualités, les unes & les autres dans un souverain dégré. Il s'introduisit au Pontificat par des voyes peu légitimes; il avoit eu longtems auparavant des enfans naturels; & César, Duc de Valentinois qui en étoit un, fut l'homme le plus cruel & le plus ambitieux qui fut jamais. Alexandre qui avoit une complaisance aveugle pour lui, renversa toutes les loix divines & humaines, pour le porter, s'il eût pû, jusques sur le Trône des Césars, dont il lui fit prendre le nom. Ce fut pour lui rendre favorables les Rois d'Aragon & de Portugal, qu'il donna à l'un le titre de Catholique, & qu'il partagea les Indes entre l'un & l'autre. Ce Pape mourut d'une maniére qui déshonoreroit le Christianisme, si les vices qui déshonorent la personne, pouvoient déshonorer les dignités dont elle est revêtuë.

(131) Ludovic Duc de Milan fut surnommé le More à cause qu'il étoit fort noir de visage. Ce fut un Prince d'un caractére à sacrifier tout à son ambition. Il fut pris par les François en 1499, & conduit au Château de Loches, où il mourut une dixaine d'années après. *Tel fut*, dit le P. Daniel, *le sort de ce Duc qui n'en méritoit pas un meilleur après avoir usurpé le Duché de Milan sur son neveu, l'avoir empoisonné, avoir fait tant de trahisons à la France, mis l'Italie en combustion, fourbé en mille ocasions ses voisins, ses aliés, ses énemis, & éxercé mille cruautés.*

(132) *Je ferai*, dit Vicquefort, en parlant de Ferdinand, *son portrait d'un seul coup de pinceau, par le récit du conte que fait de lui un Auteur Espagnol, qui a fait des Commentaires sur les Mémoires de Commines. Il dit que Ferdinand avoit envoyé son Secretaire Pierre Quintana à Louis XII Roy de France, pour lui faire quelque ouverture d'alliance; mais Louis dit que Ferdinand qui l'avoit trompé deux fois, ne le tromperoit pas la troisiéme, & le renvoya. Quintana en faisant raport du mauvais succès de sa négociation, eut de la peine à dire le véritable sujet du refus de Louis, & à marquer le reproche qu'on lui avoit fait de l'infidélité de Ferdinand; mais se voyant pressé par le Roy, il dit enfin, que Louis lui avoit déclaré, que Ferdinand l'ayant trompé deux fois, il n'avoit garde de traiter avec lui, de peur de l'être une troisiéme. Ferdinand après avoir révé un peu sur le raport de Quintana; lui demanda: Combien de fois est-ce que Louis dit que je l'ai trompé? Deux fois? Pardieu, il en a menti l'Yvrogne, je l'ai trompé plus de dix fois. L'Auteur qui en parle comme d'une fort jolie repartie, y ajoûte: Ma foy je crois que Ferdinand disoit vrai. Je ne sais si après cela on peut me faire un procès, pour avoir soutenu que la véritable piété & la sincérité n'étoient pas les plus grandes vertus du Roy Catholique.* Ferdinand, dit encore Vicque-

C'eſt une erreur vulgaire de confondre la politique avec la ruſe : il y en a qui ne tiennent pour ſage que celui qui ſçut tromper, & pour plus ſage, celui qui ſçut mieux feindre, diſſimuler, tromper. Ils ne font point réfléxion, qu'ordinairement pour les châtier, la Providence permet qu'ils tombent dans les filets qu'ils ont préparés pour les autres.

Tibére & Louis XI qu'on révére comme deux idoles, deux oracles de politique ; dont on admire la diſſimulation, dont on éxagére l'artifice, doivent plus leur réputation aux Commentaires de leurs Hiſtoriens Tacite & Commines, qu'à la prudence de leurs actions.

Leur manie politique, preſque toujours inutile, ſouvent très funeſte, les réduiſit preſque au point de perdre leurs Etats : Tibére par mépris, & Louis par haine : ils ſe flatérent d'acquérir par leurs afectations, ce qu'ils ne pouvoient par leur mérite : ils prétendirent faire rendre à l'horreur des cruautés, ce qui ne ſe doit qu'à l'amour des vertus.

Tibére fut réduit au déſeſpoir : abandonné de tous, il ſe condanna lui-même à l'éxil (133), & fut s'enterrer dans une

fort, ſe ſervoit de Religieux en preſque toutes les afaires ; il avoit une dévotion très intéreſſée, qui tenoit bien fort de la bigoterie. Pour faire valoir ſa fauſſe piété, il n'avoit que des Moines à ſa ſuite, & dans les intrigues qu'il faiſoit dans toutes les Cours des Princes voiſins. Frére Jean de Mauléon négocioit continuellement auprès de Charles VIII, & en obtint enfin la reſtitution du Comté de Rouſſillon. Des Religieux du Montferrat y furent employés, après la révolution des afaires de Naples, & ce fut Jean d'Anguera, Moine de l'Ordre de S. Bernard, & Inquiſiteur de Catalogne, qui fit les premiéres propoſitions du mariage de Germaine de Foix, niéce de Louis XII, avec Ferdinand, & il ne partit point de la Cour de France, qu'il n'eût conclu le mariage de cette Princeſſe, & une aliance avec le Roy. Les Prélats faiſoient l'ornement de toutes ſes Ambaſſades, & les Religieux le fort de toutes ſes négociations, particuliérement lorſqu'il avoit envie de tromper : ce qui ne lui étoit pas fort extraordinaire. Que Ferdinand eſt diférent de lui-même, ſelon qu'on le conſidére ou avec Vicquefort, ou avec Gracian. Le premier le repréſente tel qu'il a été ; le ſecond, tel qu'il auroit dû être.

(133) L'amour des voluptés & du repos engagea Tibére plus que tout autre motif, à ſe retirer dans l'Iſle Ca-

une isle. Néron & Caligula furent plus heureux, en évitant par une mort promte d'inutiles & de fâcheux regrets. Tibére vécut trop; dépouillé de son autorité, sa vie ne fut plus qu'une mort continuelle : n'est-ce point mourir, que de ne vivre que pour ressentir les plus vives ateintes du mépris?

Il n'y a point de véritable science que celle qui est soutenuë par les éfets : & rien ne prouve ni ne justifie mieux la maniére de penser, que l'éfet. Politique méprisable, lorsqu'elle se résout dans de vaines subtilités : ordinairement l'artifice ne produit que vent, & que chimére.

De deux Rois François & politiques, Louis IX & Louis XI, que le premier sans tant de ruses ni de manie est supérieur à l'autre! Ce saint Roy fit la guerre aux énemis du Seigneur, releva la gloire du nom Chrétien, conduisit ses armées contre une Nation qu'il est naturel aux François de vaincre. Aucun de ses successeurs n'a imité un si bel éxemple, n'est rentré sur les terres Ottomanes : cette guerre poursuivie, eût fait oublier en Europe, en Asie, & en Afrique le nom de Mahomet. Les Princes Chrétiens ont tourné leurs armes contr'eux mêmes, & se sont fait la guerre avec aussi peu de fruit que de bonheur. Considération digne de nos pleurs; la Chrétienté déchirée par la guerre, baignée de sang; & le Paganisme couronné de fleurs, se reposant dans le sein de la paix.

Une

prée. Défiant pour tout le monde, excepté pour Séjan, sa trop grande confiance pour ce favori pensa lui faire perdre le titre d'Empereur. Séjan ressembloit à Tibére dans sa dissimulation, dans ses cruautés, & dans ses débauches. Il s'étoit atiré toute l'autorité, & aussi toute la haine du peuple. Il sembloit avoir oublié Tibére, ou ne s'en souvenir que pour le mépriser; mais lorsqu'il croyoit que Tibére ne pouvoit plus rien, cet Empereur qui étoit informé de toutes ses actions sans sortir de l'isle Caprée, donna ordre au Sénat de lui faire son procès; Séjan fut dans un même jour arrêté & étranglé en prison.

Une Politique véritable, ſupérieure, aſſûrée, ſtable, ne ſe repaiſſant point de vaines chiméres, fut celle de Ferdinand, qui lui rendit un Royaume par chaque année, & lui mérita le ſurnom de (134) Catholique.

Ce fut un Roy doué d'heureux talens & vif à ſaiſir les ocaſions, meſurant & aſſujétiſſant les unes aux autres. Les ocaſions ont manqué à quelques Princes, & pluſieurs Princes ont manqué aux ocaſions. Probléme dificile, ſavoir de ces deux malheurs quel eſt le plus grand? Les ocaſions ne manquérent point à Ferdinand, & Ferdinand ne manqua point aux ocaſions; il les recherchoit ſans afectation & ſans violence; ſon bonheur les lui faiſoit naître : pluſieurs pour les chercher ont ébranlé l'Univers, & ont péri acablés ſous le poids de leur malheur.

La plus grande & la plus éclatante de ſes qualités, fut une capacité prodigieuſe; fondement le plus aſſûré de la grandeur des Rois.

Le

(134) Ce fut le Pape Aléxandre VI, qui donna à Ferdinand le ſurnom de Catholique, & ce furent moins les vertus de ce Roy qui le lui firent donner, que l'ambition d'Aléxandre, qui vouloit ſe le rendre favorable dans l'éxécution de ſes projets. La conquête de Grenade ne fut qu'un motif aparent. Louis XII qui avoit été trompé au ſujet du Royaume de Naples, dit devant toute ſa Cour aux Ambaſſadeurs de Ferdinand, *qu'il ne trouvoit pas ſeulement étrange* (c'eſt ainſi que le raporte Vicquefort) *mais que c'étoit auſſi une choſe abominable & déteſtable que ces Rois qui venoient de ſe faire donner le ſurnom de Catholiques, fiſſent ſi peu de cas de leur foy, de leur honneur, de leur ferment & de leur religion.* Rien n'empêcheroit de croire que l'éxemple de Ferdinand n'eût ſervi à Machiavel pour établir le principe le plus impie de ſa Politique, *Que le Prince quelque méchant qu'il ſoit, doit toujours emprunter le maſque de la piété, & de la bonne ſoy, & ſauver pour le moins les aparences; que peu de Princes veulent qu'on les croye auſſi méchans qu'ils le ſont en éfet, & qu'en ſe couvrant du manteau de l'honneur, on peut l'être plus longtems & plus impunément.* J'ai retranché une phraſe de Gracian qui ſuivoit. *Il conquit des Royaumes pour Dieu, des Couronnes pour Trônes de ſa croix, des Provinces pour champs de la foy : enfin il fut celui qui ſçut joindre la Terre avec le Ciel.* Grands mots, expreſſions figurées qui plaiſoient autrefois aux Eſpagnols, dont la gravité myſtérieuſe ſe répandoit juſques ſur leurs Ouvrages, leur dépravoit le goût, & leur faiſoit trouver beau, ce qui étoit métaphorique, composé, bizarre, obſcur.

Le monde ſera heureux, dit Platon, quand les ſages commenceront à régner, ou que les Rois commenceront à être ſages. Un Roy ne ſauroit être grand Roy, ſans être Roy d'une grande capacité, d'un grand fonds : un Roy chef de ſon Etat, doit à l'éxemple de la tête (135) qui renferme toutes les facultés, tout embraſſer, tout comprendre.

La capacité fait les héros, & l'incapacité les monſtres : celle-là Jules Céſar qui établit ſa Monarchie, celle-ci Gallien (136) qui la perd ; celle-là forme Cirus à de glorieux travaux, & celle-ci abrutit Darius dans une honteuſe oiſiveté : de l'une naiſſent les qualités de Pélage, & de l'autre les vices de Rodéric ; de l'une les belles actions de Romulus, & de l'autre les abominations de Tarquin.

Tous les Rois que la gloire a immortaliſés, dont les noms ſont écrits au livre de mémoire, ont été d'un fonds inépuiſable : ils ont été profonds : euſſent-ils pû être grands, ſans être d'un grand fonds ?

Ce don le meilleur de tous, & qui rend les Rois parfaits, vient du Pére des lumiéres : il naît avec nous, ne s'acquiert point, quoiqu'il croiſſe par l'induſtrie, & qu'il ſe perfectionne par l'expérience.

La

(135) Il y avoit de plus dans la phraſe Eſpagnole un jeu de mots ſur l'étymologie du nom de tête qui ne ſe peut rendre en François, & qui ſe peut exprimer aſſés heureuſement en Latin : *Caput non a capiendo, ſed a comprehendendo.*

(136) Gallien fut également peu ſoigneux d'obſerver les loix de la nature comme celles du gouvernement. Valérien ſon pére avoit été pris par Sapor Roy de Perſe : il en étoit traité avec indignité, & Gallien ne fit aucun éfort pour le tirer de ſa captivité. Trébellius Pollio repréſente d'une maniére bien expreſſive ſon inhabileté au gouvernement. *Cum Gallienus in luxuriâ & improbitate perſiſteret, neque aliter Rempublicam regeret, quam cum pueri fingunt per ludibria poteſtates. Gallien perſéveroit dans ſa luxure & dans ſa perverſité ; il gouvernoit la République à peu-près comme lorſque les enfans, dans leurs fictions jouent la puiſſance.* Peut-on mieux dépeindre ſon incapacité ?

La capacité eſt le fondement de la politique, ce grand art d'être Roy, qui ne peut ſe fixer que dans les grands génies, dans Louis XI (137) Roy de France, Mathias Corvin (138) de Hongrie, Maximilien Empereur, Etienne Battori

(137) L'imagination de Gracian s'égare ſouvent ; il oublie qu'il louë ce qu'il a blâmé auparavant. Ce n'eſt point que Louis XI ne mérite en même tems d'être loué & blâmé, mais lorſqu'on le fait, on devroit auſſi faire ſentir en quoi il eſt blâmable, & c'eſt ce qui eſt parfaitement diſtingué dans le caractére qu'en fait l'Hiſtorien François. *Ce fut*, dit-il, *un Prince d'un caractére fort extraordinaire, d'un eſprit grand, pénétrant, étendu, habile dans l'art de régner, mais dont la prudence dégénéra ſouvent en fineſſe, & c'eſt le moins qu'on en puiſſe dire. Il ſavoit parfaitement diſſimuler ; mais il ſe faiſoit trop d'honneur de cette ſcience, & on étoit trop perſuadé qu'il en faiſoit un uſage continuel. C'eſt ce qui étoit cauſe que ſes énemis, ſes voiſins, les Princes du Sang, ſes Miniſtres mémes ne ſe fioient nullement en lui. Il n'étoit naturellement ni bienfaiſant, ni libéral, mais il le devenoit dès qu'il paroiſſoit que ſon intérét le demandoit. Rien ne lui coûtoit quand il faloit acheter des créatures dans les Conſeils des Princes ſes voiſins, ou leur débaucher des hommes de mérite qu'ils avoient auprés d'eux, gagner des Gouverneurs de Places, corrompre des Ambaſſadeurs, ſuſciter des afaires à ſes énemis : de ſorte que communément ſes bienfaits étoient moins les marques de ſon amitié que du beſoin qu'il avoit de ceux à qui il les faiſoit. Il étoit beaucoup plus aiſé d'encourir ſa diſgrace, que de mériter ſa bienveillance, ou de s'y conſerver. Il pardonnoit rarement, & puniſſoit ſévérement. A en juger par certains déhors, c'étoit un Prince fort religieux ; il ſe confeſſoit une fois toutes les ſemaines, il alloit trés ſouvent en pelerinage, honoroit beaucoup les reliques des Saints, faiſoit ſouvent des preſens aux Egliſes ; mais il n'étoit pas pour cela plus éxact obſervateur de ſa parole & de ſes ſermens, moins vindicatif, moins artificieux. Aprés tout à conſidérer en général ſa conduite, il ſemble qu'il y avoit moins d'hypocriſie dans ſa piété que je ne ſais quoi d'extraordinaire dans ſes idées qui lui faiſoit négliger l'eſſentiel de la dévotion, pour ſe contenter de ſes pratiques extérieures, & le rendoit ſcrupuleux ſur des bagatelles tandis qu'il n'héſitoit point dans les choſes les plus importantes pour la conſcience : enfin dans toute la conduite de ce Prince il régnoit une certaine bizarrerie qui venoit en partie d'un naturel fait tout autrement que la plûpart des autres, où il y avoit beaucoup plus de mauvais que de bon, & en partie d'une affectation myſtérieuſe, & des maniéres ſinguliéres dont il ſe faiſoit un plaiſir d'enveloper ſes deſſeins & toutes ſes démarches, pour embaraſſer ceux qui vouloient le pénétrer : paroiſſant tantôt hardi, tantôt timide, tantôt avare, tantôt libéral, tantôt défiant, tantôt téméraire juſqu'à abandonner ſa propre perſonne à ceux dont il avoit ſujet de tout craindre, & il ſoûtint ce perſonnage juſqu'à la mort. Il vint à bout de ſe rendre maitre abſolu dans ſon Royaume ; & c'étoit le but qu'il s'étoit toujours propoſé ; mais comme il n'avoit point le cœur de ſes ſujets, il régna toujours dans la crainte, & dans l'inquiétude.*

(138) Mathias Corvin étoit fils de ce fameux Jean Huniade, apellé la Terreur des Turcs. Il leur fut également redoutable, & il le fut auſſi à l'Empe-

Battori (139) de Pologne, & Ferdinand (140) d'Espagne.

La capacité est le sein de la prudence, sans laquelle ni les emplois, ni les éxercices, n'ont jamais formé de grands hommes : *elle donne à la jeunesse une maturité aussi parfaite, que celle qui s'acquiert par une expérience de longues années ; sans elle le grand âge ne produit dans les vieillards que de la foiblesse : elle réunit dans les jeunes gens toutes les perfections de leur jeune âge, avec celles de l'âge qu'ils n'ont point encore ; elle rend les vieillards supérieurs aux foibleßes de leur grand âge, un vieillard sans elle est en même tems sujet aux foiblesses de l'âge qu'il ne voudroit point avoir, & aux égaremens de l'âge qu'il n'a plus* (141) : elle mérita à Oton III (142) le plus beau de

reur. Il n'ignoroit rien de ce qu'un héros doit sçavoir, & lui-même l'étoit en toutes sortes de genre : Gracian en parle dans LE HÉROS, & voici ses paroles ; *Le grand homme de la Hongrie Mathias Corvin, disoit que l'héroïsme consistoit en deux choses, à se signaler par des actions dignes de l'immortalité, & par des largeßes capables d'intéresser les plumes à perpétuer la mémoire de ses actions.*

(139) Etienne Battori est ainsi surnommé du nom de sa famille Battori, une des plus nobles de Hongrie : le régne de ce Prince fut heureux, soit en guerre, soit en paix. Les Moscovites n'ont guéres eu d'énemi qui leur ait fait plus de mal. Il étoit redevable de ses succès à son intrépidité & à sa prudence.

(140) Ferdinand I, Roy de Castille & de Léon fut surnommé le Grand : il s'apliqua à policer son Etat ; il fit la guerre aux Mores, & la fit avec succès. Ferdinand II, fils d'Alfonse VIII, eut pour son partage les Royaumes de Léon & de Galice ; il usurpa la Castille sur son neveu Alfonse IX, qui étoit alors enfant, mais qui la reconquit lorsqu'il fut un peu avancé en âge. Il fit la guerre au Roy de Portugal avec assez de succès ; & usa de sa victoire avec beaucoup de modération. Ferdinand III a été canonisé, & fut aussi grand Roy que saint Roy. Ferdinand IV, surnommé le Vaillant fit heureusement la guerre contre les Mores : il eut plus de valeur que de justice & de bonne foi. Ferdinand V dit le Catholique, est le dernier Roy d'Espagne de ce nom. Il est vrai-semblable que Gracian parle ici de Ferdinand I, ou de Ferdinand III.

(141) C'est moins la traduction que la paraphrase de la pensée de Gracian. Un Traducteur ne doit pas s'atacher servilement aux paroles de son Auteur. Il est quelquefois permis de les étendre, pour donner plus de clarté & plus de grace à la pensée qu'elles renferment, pour en mieux exprimer toute la force & toute la beauté.

(142) Othon III est surnommé dans l'histoire la Merveille ou le Miracle du monde. Son jeune âge fut cause que les commencemens de son Empire ne furent pas éxempts de troubles ; mais tous ces désordres furent heureusement

de tous les ſurnoms, d'être appellé *la Merveille du monde.* Elû Empereur à l'âge de 11 ans, il ſe montra digne des ſufrages : ſa prudence ſupléa à ſa jeuneſſe, & l'on admira dans ce Prince qui n'avoit guéres rempli que les deux premiers luſtres de ſa vie, un ſiécle de maturité.

Mais où l'on a vu avec éclat ce que produit la capacité, c'eſt dans Sémiramis (143) fondatrice de Babilone, Impératrice de l'Aſie : ſon régne fut de 40 ans : elle régna avec la force d'un homme : elle ſe dépouilla des ornemens du ſéxe & de ſes foibleſſes ; ſon déguiſement n'eût point diſſimulé ſon ſéxe, s'il n'eût été ſoûtenu d'une grande capacité.

La capacité eſt le plus ſur apui de la valeur : toutes deux aſſûrent l'immortalité, mais de ces deux vertus, que la premiére eſt préférable à la ſeconde ! ce fut elle qui fit donner à Charles V (144) Roy de France le ſurnom de Sage, non

diſſipés, & ce Prince ſe montra de plus en plus digne de l'Empire. Il combatit avec ſuccès les Sarrazins en Italie. Il ſe diſtingua ſur-tout par ſa ſcience & ſa libéralité.

(143) Sémiramis avoit été mariée à Memnon, Général des Armées du Roy Ninus. Son inclination qui la portoit à ſuivre ſon mary dans les armées, & à combatre à ſes côtés, la fit connoître à Ninus, qui en devint amoureux. Elle abandonna Memnon qui s'en pendit de regret, & ſe donna à Ninus qu'elle acompagna dans ſes expéditions. Elle lui ſuccéda, & étendit ſes conquêtes d'un côté juſques à l'Ethiopie, & de l'autre juſques dans les Indes. Elle éleva un magnifique tombeau à Ninus, changea la montagne de Bagiſtone en une ſtatuë, & en fit renverſer d'autres pour aplanir les grands chemins. Elle fit renfermer l'Euphrate qui inondoit auparavant tout le pays entre deux chauſſées trés élevées. Ayant achevé Babylone elle y fit bâtir ces murailles, ſelon l'opinion commune, & élever ces jardins qui paſſérent pour des merveilles du monde. Elle eut de grands talens, les ſçut mettre en œuvre; mais elle les déshonora par une paſſion honteuſe, & qui lui devint funeſte. C'eſt là ce qu'on penſe communément ſur Sémiramis ; mais l'éxamen qu'on a fait en conſéquence des lumiéres que Photius a tirées des anciens Ecrivains, a fait reconnoître qu'il y a eu pluſieurs Sémiramis, & que l'on a attribué à la plus ancienne & qui étoit auſſi la plus célébre, les vices, les vertus & les grandes actions de toutes les Princeſſes qui ont porté ce nom. Il en eſt à peu-près des Sémiramis comme des Hercules.

(144) Tous les Hiſtoriens n'ont eu qu'une voix pour parler de la ſageſſe de Charles. Elle ſembloit être née avec lui, & le fameux Pétrarque étant venu

non à cauſe de ſes études & de ſon ſavoir, mais parce qu'il ſçut régner, véritable ſcience des Rois : ſans tirer l'épée, il reconquit preſque toute la France, & ſans abandonner ſon Trône, il chaſſa les Anglois dans leur (145) Iſle.

Pour commander une armée de ſon cabinet, il faut une grande capacité, l'intelligence de Juſtinien (146), la politique

à la Cour de France ſous le régne précédent, fut également ſurpris & charmé de voir dans ce Prince, tout jeune qu'il étoit, un eſprit déja mûr & capable des plus grandes afaires. Cette ſageſſe éclata dans toute la ſuite de ſon régne. Il rétablit le Royaume qui avoit été réduit aux derniéres extrémités par la témérité de ſon prédéceſſeur. Edouard III, Roy d'Angleterre diſoit que nul Roy de ſon tems n'avoit moins tiré l'épée, & ne lui avoit cauſé plus d'embaras & d'inquiétudes. On ne vit jamais Prince mettre mieux en uſage la préſence d'eſprit, pour profiter des reſſources que lui fournirent les fautes de ſes énemis. Le grand ordre qu'il avoit mis dans les finances, & ſon économie firent que ſon tréſor fut toujours bien fourni; car c'eſt là, la baze de la grandeur & de la puiſſance des Rois, & il n'y a point de plus aſſûré pronoſtique de la perte prochaine d'un Etat que le déſordre dans les finances. Il trouva ſans ſurcharger les peuples, non ſeulement de quoi ſoûtenir de grandes guerres, mais encore de quoi faire de grandes aumônes aux Hôpitaux, de quoi donner quantité de penſions aux Gentilshommes qui avoient vieilli, ou qui avoient été bleſſés à ſon ſervice, auſſibien qu'à pluſieurs gens de lettres, car il aimoit les Savans, & ſe plaiſoit fort à la lecture des meilleurs Auteurs dont il fit faire des traductions en François. Il recevoit avec bonté tous ceux qui l'aprochoient, ſans rien perdre de la Majeſté Royale, aimant à faire du bien & à contenter tout le monde. Il étoit aimé dans ſon domeſtique, qui ne fut pas moins bien réglé que ſon Etat. Il n'y avoit que la vertu & le mérite qui puſſent prétendre à la faveur, & jamais peut-être perſonne ne réuſſit mieux dans le choix de ſes Miniſtres, de ſes Généraux d'armée & de ſes Ambaſſadeurs. C'étoit ſans doute à ce juſte diſcernement qu'il fut principalement redevable des ſuccès de ſon régne : toutes ſes grandes qualités étoient relevées par une piété ſolide & conſtante, qui alla de pair avec ſa ſageſſe. Il s'exprimoit avec des ſentimens pleins de religion ſur les ordres de la Providence, & recevoit ſes faveurs avec autant de reconnoiſſance qu'il acceptoit l'adverſité avec ſoumiſſion. Enemi déclaré du libertinage, il chaſſa de ſa Cour un homme de qualité, pour avoir parlé en préſence du Dauphin d'une maniére trop libre, & il dit à cette ocaſion ces belles paroles, qu'*on doit premier les enfans nourrir en vertu, ſi qu'ils ſurmontent en mœurs ceux qu'ils doivent ſurmonter en honneurs.*

(145) Les victoires de Charles V ſur les Anglois ſe terminérent à la conquête de quelques Provinces; mais les Anglois y en conſervérent pluſieurs juſques ſous le régne de Charles VII, & ne furent entiérement chaſſés de la France que ſous le régne d'Henri II, lorſque le Duc de Guiſe leur enleva Calais.

(146) Juſtinien ſignala ſon régne

litique de Louis XI, la prudence de Philippe II; mais vouloir comme Gallien, ſans les égaler dans leur ſavoir, les imiter dans leur immobilité, c'eſt vouloir garder ſon Palais & non pas l'Empire.

C'eſt du ſavoir & de la valeur que ſe forme un Prince parfait : Moyſe, pour être légiſlateur, & chef de la République de Dieu; David, valeureux pour combatre, & zélé pour célébrer les louanges du Trés haut; Céſar (147) maniant également bien la plume, & l'épée; Agéſilas (148) Lacédémonien, qui ne s'eſt pas moins diſtingué par ſes propos judicieux que par ſes actions héroïques; le grand Conſtantin, protégeant les Conciles, & commandant les armées; Juſtinien donnant des loix à ſon Empire, & faiſant des conquêtes; Mahomet II liſant, & conquérant; Alfonſe le Magnanime, préſidant aux Académies ou tenant la campagne; Iſmael Sophi (149) dont le ſurnom de

par des monumens de piété, par des conquêtes, & par l'établiſſement des loix. Il fit bâtir un grand nombre d'Egliſes, & entre autres celles de ſainte Sophie de Conſtantinople eſtimée un chef-d'œuvre d'architecture. Il ſoumit pluſieurs peuples par la valeur de Béliſaire & de Narſés. Les Loix qu'il donna à l'Empire, lui ont acquis une réputation immortelle; il avoit choiſi à ce ſujet dix hommes des plus habiles de l'Empire, pour les extraire de toutes les loix qui avoient été portées juſqu'alors, de toutes les déciſions des plus habiles Juriſconſultes, & des uſages & des loix de toutes les Nations de l'Univers. Il rendit à l'Empire ce haut éclat où on l'avoit vû du tems de ſes premiers Empereurs.

(147) *Jules Céſar*, dit Gracian dans L'HOMME UNIVERSEL, *a écrit lui-même ſes exploits, mais la modeſtie de ce héros va de pair avec ſa valeur : il ſemble n'avoir entrepris cet ouvrage que pour ôter à la flaterie toute eſperance d'en impoſer aux ſiécles futurs ſur ſon hiſtoire.*

(148) Agéſilas étoit un Roy de Sparte. Plutarque & Xénophon ont écrit ſa vie, & nous le repréſentent comme un des plus grands hommes qui ayent jamais été. Il ſervit avantageuſement ſa patrie contre les Perſes, & étant prés de mourir, il défendit qu'on lui dreſſât aucune ſtatuë, ne voulant d'autre monument de ſa gloire, que ſes actions : C'eſt encore une preuve de ſon diſcernement; car il n'étoit point d'une figure avantageuſe.

(149) Le nom de Sophi ne fut point donné à Iſmael à cauſe de ſa ſageſſe, comme Gracian l'a crû, ſans faire atention que ce terme étoit Perſan & non pas Grec. Il ſignifie laine dont les Princes font leur Turban. Ce n'eſt même

de Sage donne un nouvel éclat à ſon épée victorieuſe ; François I entouré de Savans, & de grands Capitaines ; Philippe II valeureux (150) dans ſes premiéres années, & prudent dans les derniéres.

Cette capacité, don qui ne ſe peut aprécier, conſiſte principalement dans deux facultés éminentes : la promtitude dans la conception, & la maturité dans le jugement. La conception précéde la réſolution : l'intelligence eſt l'aurore de la prudence.

Un Prince intelligent, comme Caſimir le Grand (151) Roy de Pologne, eſt toujours préſent par tout : il ſoumet tout aux lumiéres de ſon entendement, pour le réduire, s'il veut, ſous la puiſſance de ſa volonté. Céſar Auguſte forma premiérement dans ſa tête le plan de ſon Empire, enſuite il en diſpoſa comme s'il l'eût tenu dans ſes mains : maître du ſort de l'Univers, de la guerre & de la paix, il ouvroit ou fermoit à ſon gré les portes du Temple de Janus. Jacob Almançor l'Africain (152). ſe trouvoit préſent dans toutes les parties de l'Univers par ſon autorité &

que par corruption que l'on prononce Sophi ; le véritable nom eſt Sephi.

(150) Il faut avoir recours à la note où il eſt parlé de Philippe II. Il n'a jamais donné lieu qu'on le louât de ſa valeur. Il ne s'eſt même jamais trouvé dans aucun combat.

(151) Caſimir III eſt le ſeul Roy de Pologne qui ait eu le nom de Grand. Il conquit preſque toute la Ruſſie, vainquit en pluſieurs rencontres Jean Roy de Bohéme. Il mérita le ſurnom de Grand, & par ſes exploits militaires, & encore plus par ſa magnificence, par ſon exactitude à rendre la juſtice, par le ſoin qu'il prenoit pour ſe faire aimer de tout le monde.

(152) Jacob Almançor ſe rendit maître de toute l'Afrique. Quelques Hiſtoriens prétendent qu'il conduiſit une armée en Eſpagne ; d'autres diſent qu'il n'y fut jamais, & il y en a qui plus critiques prétendent que ce héros eſt un héros imaginaire. Ils diſent qu'il n'y en eut jamais, que tout ce qu'on en dit eſt tiré d'un vieux Roman Eſpagnol, que toute l'Afrique étoit tributaire du grand Calife des Arabes ; que les Rois des côtes de Barbarie, atirés par le Comte Julien, envahirent l'Eſpagne, & que leur entrepriſe n'étoit émanée en aucune ſorte de façon de la volonté du grand Calife, & que quoiqu'ils lui payaſſent un tribut, leur dé-

& sa renommée, parce que toutes se trouvoient présentes dans lui par ses connoissances.

Un Prince pénétrant, dont le jugement est la sonde du mérite; Théodose pesoit les talens; Antonin (153) mesuroit la capacité; le Goth Sisebut aprécioit les qualités; Alfonse (154) estimoit la vertu; Justinien choisissoit ses Ministres, non au hazard, mais avec discernement, des Capitaines

pendance ne les contraignoit point à avoir son consentement pour faire la guerre, ni même à lui en donner connoissance.

(153) Antonin étoit un Prince de beaucoup d'esprit, de savoir, & d'éloquence; il étoit bon politique, sage & modéré. L'Empereur Adrien l'adopta à condition qu'il feroit le même honneur à Marc Auréle Antonin, surnommé le Philosophe. Sa bonté lui mérita le surnom de Pieux, & c'est à quoi fait allusion le revers d'un médaillon de cet Empereur, qui représente Enée emportant sur ses épaules son pére Anchise. C'étoit parmi les Anciens le symbole de la piété & de l'amour, & véritablement cet Empereur eut pour ses sujets la tendresse d'un pére. Il se servoit ordinairement de ces paroles de Scipion l'Afriquain, *qu'il vaut mieux conserver un citoyen, que de perdre mille énemis*. Il n'y eut presque point de guerre sous son régne, & les Barbares qui environnoient l'Empire demeurérent soûmis plûtôt par ses vertus que par ses armes.

(154) Ce que dit Gracian de cet Alfonse, de Sisebut & de plusieurs autres sont des traits ignorés de presque tout le monde, omis par la plus grande partie des Historiens, dont la justification demanderoit des recherches infinies. Il me sufit de connoître le caractére du Prince dont il parle, & d'éxaminer si ce qu'il en dit ne le dément point. *Il est parlé de Sisebut, note* 80. Il y a un grand nombre de Princes du nom d'Alfonse. Je crois que Gracian pourroit parler ici d'Alfonse VII, Roy de Castille. Il n'y a aucune action particuliére qui me détermine plûtôt en faveur des autres que de celui-ci, & cet éloge ne dément point son caractére. C'étoit un Prince juste & vertueux. Il est quelquefois surnommé Empereur des Espagnes. Il étoit fils de Sanche I, Roy d'Aragon & de Navarre, & il y régna après la mort de Pierre son frére aîné sous le nom d'Alfonse I d'Aragon. Il fut Roy de Castille par son mariage avec Urraque fille unique & héritiére d'Alfonse VI, Roy de Castille. On lui donne aussi le surnom de guerrier. Il s'est trouvé en vingt-neuf batailles rangées: il prit Cordouë, Saragoce & plusieurs autres places sur les Mores. La maniére dont il se comporta avec Urraque le rend bien digne de l'éloge de Gracian. La vie d'Urraque, dit l'Historien, fut si infame & si scandaleuse, qu'Alfonse ne pouvant plus suporter ses désordres, fut obligé de la répudier, après avoir employé inutilement, toute sorte de voyes pour la rendre plus modérée. L'amour qu'il avoit pour l'honneur & pour la vertu fit plus d'impression dans son cœur que tous les avantages de la fortune; aussi pour conserver les premiers, il méprisa les

Capitaines (155) qui eussent mérité d'être Empereurs, & beaucoup plus encore. Marc Auréle Antonin (156) repartissoit les charges, distribuoit les emplois non par légéreté, ni par faveur, mais son choix êtoit guidé par un éxamen trés rigoureux.

Un Prince éclairé, un Roy Argus qui prévoit tout: semblable à Janus, il envisage le passé & l'avenir: Prince d'un fonds inexplicable, il a plus de replis que l'océan n'a de golphes, il est respecté de ses sujets, craint des Etrangers, & regardé de tous, parce qu'il les regarde tous.

Un Prince pénétrant qui découvre plus dans un coup d'œil que les autres dans une éternité: rien ne lui échape, rien ne lui est caché, il voit tout. Henri IV avoit un génie supérieur, une intelligence transcendante, qui devinoit les intentions, anatomisoit les esprits, les inclinations, les dispositions. Un

autres, & rendit de bon cœur à Urraque la Couronne de Castille.

(155) Bélisaire & Narsés les deux plus grands Capitaines de leur siécle, furent Généraux des Armées de l'Empereur Justinien. Bélisaire réduisit la Perse, l'Italie, & réunit l'Afrique à l'Empire. L'envie lui fit des énemis qui l'acusérent devant l'Empereur. On lui créva les yeux, on l'emprisonna, & ce grand homme qui avoit fait la loy à tout l'univers, mourut autant de misére que de chagrin. On trouve son image sur le revers de quelques médailles de cet Empereur avec ces mots *Belisarius gloria Romanorum*. Narsés commanda les armées après la disgrace de Bélisaire. Il êtoit Persan & Eunuque; il s'éleva par dégrés à diférentes Charges, & enfin à celle de Général. Il fut choisi pour aller contre Totila Roy des Goths, & relever les afaires en Italie où elles êtoient ruinées. Il défit les Goths dans deux batailles, & Totila fut tué dans la seconde. Il gagna encore plusieurs autres victoires; mais l'on prétend que le souvenir de l'injustice faite à Bélisaire ébranla sa fidélité, qu'il chercha les moyens de se mettre au-dessus d'un pareil traitement; que les insultes de l'Impératrice & la crainte des soupçons l'engagérent à se joindre aux Visigoths, énemis de l'Empereur. Dans cet endroit l'histoire devient obscure, & les Historiens ne conviennent point de la fin de Narsés.

(156) Marcus Aurélius Antonius Verus, surnommé le Philosophe, eut toutes les qualités que l'on peut désirer dans un grand Prince pour la félicité des peuples: il faisoit profession de suivre la secte des Philosophes Stoïciens, & il écrivit en Grec douze livres des réfléxions sur sa vie, qui donnent une grande idée de sa vertu & de sa capacité.

Un Prince vif, qui voit tout, entend tout, ſent tout, touche tout. Les oreilles de Veſpaſien n'êtoient point ataquées du mal commun à celles des Rois, adultéres (157) de la vérité, favorables aux faux raports, & toujours ouvertes à la trompeuſe flaterie.

Un Prince atentif, qui ne dort, ni ne laiſſe dormir ceux qui l'aident à être Roy, les Puiſſances inférieures : toujours lion, ſoit qu'il veille, ſoit qu'il dorme. L'atention de Philippe II lui a mérité le ſurnom de Prudent : on ne ſauroit mieux la dépeindre que par cette comparaiſon qu'il répétoit ſouvent & qu'il pratiquoit encore mieux : du Trône d'un Roy au métier du Tiſſeran, toujours atentif au fil qui ſe rompt.

Un Prince ſenſible que les pertes piquent juſqu'au vif du cœur : pluſieurs ont fait, par un faux paradoxe, de l'indolence une vertu d'Etat, & de l'inſenſibilité une grandeur d'ame. La prévoyante nature a formé ſes êtres ſenſibles, & a fait de leur ſenſibilité l'unique moyen de leur conſervation : la politique veut auſſi ſes Rois ſenſibles.

Qui ne blâmera pas la ſtupidité de Gallien ? Les nouvelles des Provinces révoltées, des Royaumes perdus, venoient les unes ſur les autres ; & Gallien indiférent répondoit : Nous nous paſſerons bien des légumes d'Egipte : Que nous importent les chanvres de la Gaule ? Honteuſe inſenſibilité ! Quoi un Prince eſt atentif pour avoir des (158) figues toute l'année, habile pour conſerver des raiſins

(157) Ce terme n'eſt point auſſi clair qu'il eſt expreſſif ; il eſt de Gracian, & il ſeroit dificile de le changer, ſans afoiblir la penſée. On ne devroit écouter que la vérité, lorſqu'on prête l'oreille aux faux raports, on trahit ſon devoir. C'eſt cette trahiſon que Gracian apelle par métaphore *adultére.*

(158) Sous Gallien l'Empire devint la proye des Nations barbares. Par quels traits Aurélius Victor dépeint-il le déplorable état de l'Univers ? *Quaſi ventis*

ſins deux ou trois ans, & il néglige le gouvernement & le bonheur de ſes Etats, ne ſe ſoucie pas de perdre ſon Royaume : la pernicieuſe flaterie trouvoit dans cette barbarie, de la grandeur d'ame ; apelloit cette ſtupidité, conſtance : elle fut aſſez hardie pour traiter cette horrible négligence, du nom d'une fine politique : il n'y a point de Prince qui durant ſa vie ne ſoit un héros parmi ſes Courtiſans, & qui parmi les autres ne ſoit toléré : mais enſuite, la poſtérité, véridique & déſintéreſſée, ne lui rend que la juſtice qui lui eſt duë.

Auguſte Empereur magnanime, dont le nom reſpectable fut toujours ſoutenu d'un grand cœur, reſſentit ſi vivement la perte des Légions Romaines en Germanie, *que les excès de ſa douleur reſſembloient à ceux du déſeſpoir : il éclatoit en reproches* (159) : Ah! Quintilius Varus, qu'as-tu fait de mes Légions ? Rends moi mes Soldats ; eſt-ce ainſi que tu as répondu à ta grande réputation ? On ne le vit point rire de pluſieurs mois, ni manger de pluſieurs jours : noble dépit qui ſiéd bien à la majeſté des Rois, véritable politique

undique ſævientibus, parvis maxima, ima ſummis toto orbe miſcebantur. Les vents déchainés ſembloient avoir réduit le monde dans ſon premier cahos, l'ordre du petit au grand : la ſubordination des puiſſances inférieures aux puiſſances ſupérieures étoit renverſée ; tout étoit dans une confuſion univerſelle. Gallien ſans ſonger à rémédier à tous ces déſordres ſe tranquiliſoit dans ſon Palais, ocupé de ſes infames débauches, de ſa bonne chére, de ſes plaiſirs, de tout excepté de ce qui convenoit à un Empereur. Trébellius Pollio nous raporte une partie de ſes ocupations. *Veris tempore cubicula de roſis fecit, de pomis caſtella compoſuit, uvas triennio ſervavit, hyeme ſummá melones exhibuit, ficos virides & poma ex arboribus recentia ſemper alienis menſibus præbuit. Il ſe faiſoit au printems un lit avec des roſes ; il conſtruiſoit des châteaux de pommes, conſervoit des raiſins pendant trois ans, avoit des melons dans le fort de l'hyver, & des figues & des pommes nouvelles dans tous les tems de l'année.*

(159) La traduction de cette ligne n'eſt point littérale ; elle n'eût point eu de nobleſſe. La voici mot à mot, *qu'il frapoit la terre avec les piés, & les murailles avec la téte. Il crioit, il redemandoit : Que fites-vous de mes légions ? Quintilius, &c.* C'eſt cependant la maniére dont elle eſt raportée dans Suétone.

que ! Rodéric ne penſoit point qu'il fût ſi avancé vers ſa perte, & Roboam ne regardoit point ſa ruine comme ſi prochaine. Jean d'Albret (160) perdit ſa Couronne, & Aſtiagés (161) ſon diadéme, lorſqu'ils y penſoient le moins.

Ce Prince intelligent, prudent, éclairé, pénétrant, vif, atentif, en un mot ſage, fut Ferdinand le Catholique, Roy dont la grande capacité eut lieu de paroître dans tant de conjonctures, & fut juſtifiée par tant de belles actions : ſa politique fut ſoutenuë par la valeur, & fut toujours couronnée par les éfets : ſes heureux ſuccès ne ſe doivent point

(160) Ferdinand avoit mis ſur pié une puiſſante armée, dont il avoit donné le commandement à Frédéric Duc d'Albe, ſous prétexte d'ataquer la Guyenne du côté de Bayonne, pendant qu'Henri VIII, ſon gendre, Roy d'Angleterre deſcendroit dans cette Province par l'embouchure de la riviére de Garonne. Jean d'Albret s'étoit ſi peu défié qu'on l'ataquât, qu'il n'avoit pas levé un ſoldat, quoique la maxime du bon gouvernement ne lui permît pas de demeurer déſarmé au milieu de tous ſes voiſins en armes. Aprés que le Duc d'Albe eut introduit ſans peine toutes ſes troupes dans le centre de la Navarre, & pris de juſtes meſures avec un parti qu'il avoit trouvé tout formé, il fit dire au Roy de Navarre par un Hérault, qu'en qualité de fauteur de Louis XII, il étoit excommunié, & que le Pape avoit donné ſes Etats au premier qui les pourroit ocuper. Il ſe ſervit du prétexte d'aller en Guyenne, pour introduire ſes troupes dans la Navarre. Le refus des places de ſureté qu'il demandoit pour ſon retour, contre toutes les régles de la juſtice, fut le prétexte de l'uſurpation, & la bulle prétenduë fut le titre dont il s'autoriſa pour en retenir la poſſeſſion. L'armée n'eut qu'à ſe préſenter ſucceſſivement devant toutes les villes les unes aprés les autres, pour en recevoir les clefs. Le Duc d'Albe fut ſi bien ſervi par la faction, que toutes les villes de la Navarre ſe ſoulevérent en faveur des Eſpagnols, en un ſeul jour qui fut le 22 d'Avril 1512.

(161) L'hiſtoire d'Aſtiagés eſt raportée de deux maniéres diférentes ; l'une par Hérodote, & qui eſt fabuleuſe, l'autre par Xénophon, c'eſt la véritable. Aſtiagés troiſiéme Roy des Médes eut le ſurnom de Ciaxarés, à cauſe de ſes grandes conquêtes, Ciaxarés n'étant point un nom, mais un ſurnom qui ſignifioit *grand Conquérant*. Il eut un fils qui lui succéda, & qui prit avec le nom de ſon pére le même ſurnom. Ce fut un Prince foible. Le grand Ciaxarés eut auſſi une fille nommée Mandane, qu'il maria à Cambiſe, qui n'étoit point un homme de rien, comme le dit Hérodote, mais qui étoit du ſang des Rois de Perſe, tributaires de celui des Médes. Cirus fils de Cambiſe devint Roy de Perſe & Empereur des Médes, non par une injuſte uſurpation ; mais il ſuccéda à ſes Etats par droit du ſang. Les événemens glorieux du régne du foible Aſtiagés furent les fruits de la valeur de Cirus qui com-

point à un heureux hazard, mais à sa prudence; elle est mére de la fortune, & l'imprudence, du mauvais succès: les Princes les plus prudens, furent toujours les plus (162) heureux.

Mais que sert le grand génie d'un Jean II (163), Roy de Castille, s'il est dépourvu d'aplication? Que Childéric incapable se dépouille de la Couronne, c'est le meilleur parti qu'il puisse prendre; mais que Thamas (164) Empereur de Perse ensevelisse ses talens dans l'oisiveté, qu'il les obscurcisse par le vice, il se rend digne d'éxécration.

Le grand Mogol (165) d'Asie n'est point dans ses plus grands

manda les armées de ce Prince à qui il succéda, donnant à ces deux Monarchies réunies le nom d'Empire des Perses.

(162) Cette pensée ne s'acorde point avec ce que Gracian dit, page 26: *La prudence ne fut jamais la vertu des grands Conquérans:* elles sont toutes deux trop générales, & doivent être rectifiées l'une par l'autre: *Si les hommes les plus prudens ne furent pas toujours les plus heureux, ils méritérent de l'être.*

(163) Jean II, Roy de Castille, fils de Henri III, fut proclamé Roy à l'âge de 22 mois, par les soins de son oncle Ferdinand I, Roy d'Aragon, qui résista généreusement à ceux qui le poussoient à mettre cette couronne sur sa tête. Paul de Burgos ou de Sainte Marthe Evêque de Cartagéne qui avoit été autrefois Juif, & qui s'étoit élevé à l'Episcopat par ses vertus & sa science, fut destiné pour avoir soin de l'éducation de ce jeune Prince; mais il ne put lui donner un esprit apliqué; ce Roy laissa à ses Ministres le soin de gouverner ses Etats: Alvare de Lune, si connu par sa fin tragique, fut son favori; il rendit par les troubles que ses injustices excitérent en Castille, le régne de ce Roy, un des plus malheureux régnes qu'il y ait dans l'histoire de la Monarchie d'Espagne.

(164) Thamas succéda à Ismael Sophi son pére: les vices ou les vertus de ce Prince nous sont peu connus. Il eut à soûtenir la guerre contre les Turcs qui s'emparérent de Tauris & de plusieurs autres villes. L'intempérie de la saison & la disette des vivres obligérent leur armée de se retirer; elle détruisit Tauris, & les autres villes de son passage, en amena les familles esclaves, & saccagea la campagne, sans épargner ni les moissons, ni les animaux. Le Prince Thamas ne songea jamais qu'à l'éviter, & au lieu de la combatre comme son Pére lui en avoit donné l'éxemple, il fuioit & désoloit en même tems son propre Royaume, afin que les Turcs ne pussent y faire avancer leur armée.

(165) Du tems de Gracian régnoit dans le Mogol *Scha Géhan*, qui veut dire Roy du monde. Ce que dit Gracian ne paroît convenir qu'à un grand Roy, celui-ci ne le fut point; il avoit usurpé l'Empire sur son pére, & sur son neveu, & ce fut un mauvais Prince. Gra-

grands divertissemens distrait de ses afaires : à la chasse, dans le plus épais des forêts, il y donne audience à ses vassaux, il se laisse voir, & s'informe de tout.

C'est mal de vouloir comme Amulius & (166) Denis être Rois, n'étant point destinés pour l'être ; c'est pis étant Roy, comme Ladislas (167) de Pologne, & Edouard (168) d'Angleterre.

cian pourroit peut-être parler de quelque Prince prédécesseur de celui-ci. Les faits historiques de ces pays éloignés ne parviennent à notre connoissance que long-tems aprés qu'ils sont arrivés.

(166) Denis fut Tyran de Siracuse, & Amulius usurpa le Royaume d'Albe sur son frére Numitor qui y fut replacé par Romulus & Rémus ses petits fils, qu'Amulius avoit voulu faire périr en les exposant sur le Tibre.

(167) Uladislas, ou Ladislas I, fils de Casimir, ne voulut que le nom de Prince & d'héritier de Pologne. Cette modestie lui fit honneur, & son régne eût été un des plus heureux régnes, si de son tems les Russiens n'eussent pas secoué le joug de la Pologne. Ladislas II fit la guerre à ses fréres ; mais il fut vaincu, dépouillé de ses Etats, & obligé de fuir en Allemagne. Ladislas III permit à ses soldats toutes sortes de désordres. Cette conduite violente & extraordinaire lui atira la haine des peuples, qui le déclarérent déchû de la Royauté, & se choisirent pour Roy Vencesslas Roy de Bohéme. Il remonta sur le Trône aprés la mort de ce Vencesslas, gouverna sagement, étendit les bornes de son Etat, & se rendit redoutable à ses énemis. Ladislas IV, dit Jagellon, grand Duc de Lithuanie, épousa Hedvige, fille de Louis de Hongrie : elle avoit été élûë Reine de Pologne, à condition d'épouser celui qui seroit choisi par les Grands du Royaume : depuis ce tems, la Lithuanie est toujours demeurée unie à la Pologne. Ce Ladislas défit les Chevaliers de Prusse, soumit les Lithuaniens rebelles, refusa la Couronne de Bohéme. Son régne fut aussi long que glorieux ; il régna 48 ans. Ladislas V, Prince de cœur, fut tué dans une bataille contre les Turcs. Ladislas VI, dernier de ce nom aimoit la vertu, parloit diverses langues, & joignoit à la valeur un parfait amour de la justice. Le reproche de Gracian ne peut guéres être apliqué à aucun de ces six Rois.

(168) Les Anglois ont eu plusieurs Rois du nom d'Edouard. Le dernier est Edouard VI, ou IX : car on compte de deux maniéres diférentes, en joignant, ou en faisant abstraction des trois qui ont précédé Guillaume le Conquérant. Edouard I remporta plusieurs victoires sur les Ecossois, les Bretons & les Danois. Saint Edouard II parvint à la Couronne à l'âge de 10 ans, & fut assassiné à l'âge de 18. Alfréde sa belle-mére éleva par ce crime son fils Ethelréde sur le Trône. Saint Edouard III préféra le célibat à la satisfaction d'avoir des enfans légitimes & vécut en continence avec Edite son épouse. Il fit Guillaume le Conquérant héritier de ses Etats. Edouard I ou IV fut un Prince très-valeureux : il joignit l'Ecosse à l'Angleterre. Edouard II, ou V s'abandonna aux mauvais conseils de Gaveston connu par ses disgraces & sa fin tragique. Il se livra ensuite à ceux des deux Hu-

d'Angleterre de ne vouloir point l'être. L'un s'apelle tyrannie, l'autre n'a point de nom.

Le grand génie & la grande aplication concoururent dans Ferdinand pour en faire un Roy parfait : dans l'espace de 40 ans que dura son régne, il en fit plus que quarante Rois joints ensemble.

Le septre est un arbre couronné qui donne pour fruit des actions ; la nature éxige des plantes au moins un fruit par an, la gloire en éxige beaucoup davantage de ses héros.

Un figuier stérile ocupe inutilement le champ, & un Prince fainéant le Trône : il empêche qu'un autre en ocupant sa place ne la remplisse plus dignement.

Alcide suspendoit tous les ans aux portes du Temple de la Mémoire de nouveaux trophées, tantôt un lion, tantôt un hydre : héros fabuleux dont les anciens avoient fait le modéle

gues Spencers pére & fils. Leur violence & leur cruauté le firent universellement haïr. La Reine Isabelle sa femme, qu'il avoit éloignée de la Cour, assistée de tous les Grands du Royaume, l'assiégea dans Bristol. Les deux Spencers moururent par la main du bourreau. Le Roy fut mis en prison où on le fit mourir d'une maniére aussi cruelle qu'extraordinaire. Son fils Edouard III, ou VI fut mis sur le Trône en sa place ; il eut presque toujours la guerre avec les François. Le chagrin que lui causa la mort d'Edouard son fils, Prince de Galles, qui commandoit à la bataille de Poitiers, où le Roy Jean fut fait prisonier, & qui avoit donné dans toutes les ocasions des marques d'un très grand courage, contribua beaucoup à sa mort. Edouard IV, ou VII de la Maison d'Yorc se révolta contre le Roy Henri VI de la Maison de Lancastre. Il mourut paisible possesseur du Royaume, nonobstant les tentatives que fit le Roy Henri pour remonter sur le Trône. Edouard V, ou VIII succéda à la Couronne sous la tutelle de Richard, Duc de Glocester, son oncle, qui dans la passion de régner se saisit de sa personne, & le fit étrangler, ainsi que Richard Duc d'Yorc, frére de ce jeune Prince. Edouard VI, ou IX, dernier de ce nom & fils d'Henri VIII mourut à l'âge de 16 ans : plusieurs soupçonnent qu'il fut empoisoné. La plûpart de ces Rois péchérent par ambition. Si c'étoit d'Edouard III, & de Ladislas I que Gracian eût voulu parler, l'éxemple de ces deux Princes, dont la mémoire de l'un est vénérable, & celle de l'autre respectable, ne concourroient point à l'apui de sa pensée. L'on devroit dans des aplications odieuses ne jamais rien avancer qu'avec certitude & évidence.

modéle d'un véritable Prince, toujours obligé à de nouvelles & de glorieuses entreprises.

Ce véritable Hercule fut Ferdinand le Catholique ; il n'y eut point de jour qui ne fût marqué par une ou par plusieurs belles actions : il gagnoit un Royaume par an, il acquit par droit d'héritage celui d'Aragon, en dot celui de Castille, par valeur (169) celui de Grenade, par bonheur l'Inde, par industrie (170) Naples, par religion la

(169) Ce n'est point tant à la valeur de Ferdinand, qu'à celle de Gonsalve un de ses Généraux qu'il faut attribuer la conquête du Royaume de Grenade. Gracian a bien raison de ne point parler de ce grand homme à qui conviennent presque tous les éloges qu'il donne à Ferdinand, qui fit toute la grandeur du régne de ce Monarque, qui en fit connoître toute l'ingratitude, qui eût pû abuser de sa puissance & de sa renommée contre un maître ingrat, & qui ne le fit point ; qui lui obéit avec autant de facilité qu'il avoit commandé avec gloire ses armées ; cet homme, le plus grand homme que l'Espagne ait jamais produit, qui peut entrer en paralléle avec le grand Scipion, & pour qui la vanité Espagnole n'a point trouvé de titre si haut, qu'il n'ait mérité par ses actions, & qui ne lui ait été confirmé par ses énemis, ayant été pris par les Mores, eut l'art de les diviser : sa captivité leur devint plus funeste que ne leur avoient été ses victoires, il les afoiblit, & il acheva de les conquérir ; ayant eu cet honneur de finir une guerre de dix ans, & d'acquerir à Ferdinand & à Isabelle le surnom de *Catholiques*, qui depuis est toujours demeuré aux Rois d'Espagne.

(170) Ce fut le même Gonsalve qui chassa les François du Royaume de Naples pour y rétablir les Aragonois, & aprés que Ferdinand l'eut partagé avec Louis XII & que l'héritage du malheureux Frédéric eût été divisé entre ces deux Princes, il conquit ce qui étoit du partage de son maître, & nous ôta ce qui étoit du nôtre. Ce grand Capitaine nous a toujours défait : il a pris toutes les places qu'il a ataquées, & que nous avons défenduës ; il a sçû vaincre & user de la victoire, & quoiqu'il n'y eût point d'Etat plus sujet aux révolutions que celui de Naples, il l'assûra néanmoins entiérement à Ferdinand & à sa race ; il y étancha les sources de la guerre & de la division ; il en détruisit les factions qui le déchiroient, & s'il en est demeuré depuis quelque racine, elle a eû si peu de vie & si peu de force, & s'est montrée avec des mouvemens si languissans & si foibles, que le repos de ce Royaume n'en a point été ébranlé. Il étoit si jaloux de la grandeur de son Maître, & si passionné pour le bien de ses afaires, qu'il le servit même aux dépens de sa conscience, & viola la foi à ceux à qui il l'avoit donnée, comme dans le traité qu'il fit avec le Duc de Calabre, & lorsqu'il se saisit avec finesse de la personne de César Borgia, & qu'*il trompa* (dit Silhon) *ce subtil, qui en avoit trompé tant d'autres :* mais il faut ici déveloper l'industrie (je dirois si je voulois parler plus exactement, la fourberie) dont se ser-

la (171) Navarre, & tous par sa grande capacité.

Les entreprises des Rois ne se ressemblent point toutes, mais toutes doivent être héroïques : on doit les embrasser non par choix, mais saisir celles que l'ocasion présente, comme faisoit Etienne I (172), Roy de Hongrie ; non celles que le goût propose à Aléxandre le Grand, mais celles que la nécessité éxige du (173) brave Aléxandre Sévére.

Gustave

vit Ferdinand pour faciliter l'entiére conquête du Royaume de Naples. Prévoyant que ses forces étant inégales à celles des François, il ne les surmonteroit qu'en joignant la ruse à la force, il se proposa de les amuser & de les tromper ; & afin qu'ils ne se défiassent point du piége qu'il leur tendoit, il voulut cacher sa perfidie sous la foi d'un traité qui est le lien le plus inviolable de la société civile. Il choisit son gendre en qualité de Plénipotentiaire, pour être l'instrument de sa supercherie, dans la pensée que si les François, par quelque cause que ce fût concevoient du soupçon, ils en auroient moins pour un Prince comme Philippe qui étoit leur feudataire, que pour aucun autre qu'il eût pû leur envoyer : ainsi Ferdinand pria Philippe d'aller à la Cour de Louis XII, faire la paix entre la France & l'Espagne, & lui donna à cet égard un pouvoir sans limites. Philippe trouva Louis à Blois, & négocia de bonne foi avec lui. Le partage du Royaume de Naples entre les deux Rois devoit subsister. Ce fut depuis la conclusion de ce traité solennel, durant la fausse sécurité, qu'il avoit fait naître dans le cœur de Louis, que le Royaume de Naples lui fut enlevé. Il s'en plaignit à toute la terre ; mais Ferdinand après avoir obtenu ce qu'il souhaitoit, leva le masque, il désavoua son gendre, & se mocqua de la crédulité de Louis.

(171) Ferdinand s'empara de la Navarre par une voye qui n'avoit point été encore pratiquée, les Princes Chrétiens n'étant pas acoutumés à tromper sous prétexte de religion. La haine du Pape Jules II, contre les François, étoit devenuë si grande, que ne pouvant plus les soufrir dans l'Italie, & ne pouvant les en chasser par une autre voye que par celle des armes de Ferdinand, il lui promit tout, à condition d'entrer en ligue avec le Saint Siége contre le Roy de France Louis XII. Ferdinand y consentit ; mais il éxigea du Pape qu'il fit expédier en secret une bulle d'excomunication contre Jean d'Albret & sa femme en qualité de fauteurs de Louis XII, énemi déclaré de l'Eglise. La Bulle fut, dit-on, expédiée, & elle demeura si sécréte que personne n'en a jamais vû ni l'original, ni aucune copie. C'est ce qui servit de titre à Ferdinand pour surprendre le Roy de Navarre, & le dépouiller de ses Etats. *Voyez comment il en vint à bout Note 160.*

(172) Etienne I, Roy de Hongrie, ne fit jamais la guerre par goût : il travailla avec tant de zéle à établir parfaitement la Religion Catholique en Hongrie, qu'il en est regardé comme l'Apôtre. Il reçut le titre de Roy de l'Empereur Henri II, vers l'an 1020. Il a mérité par son zéle pour la Religion d'être mis au catalogue des Saints.

(173) Je doute fort que le paralléle

Gustave I (174), Roy de Suéde, & Alfonse le Magnanime Roy de Naples, ne pensoient point qu'on dût réduire toutes les belles actions à celles de la valeur. Il y en a beaucoup d'autres, & quelquefois plus glorieuses que les actions militaires ; Justinien acquit plus de gloire par les loix, qu'Aurélien par les armes : Ferdinand s'est rendu plus

que l'on pourroit faire entre Aléxandre le Grand, & l'Empereur Aléxandre Sévére fut à l'avantage de ce premier. Celui-ci, moins ambitieux que l'autre, eut autant de valeur & plus de prudence. Un seul motif animoit toutes ses actions, l'équité. Il défit les armées des Perses, des Allemans & des autres Nations qui troubloient l'Empire. Sa modération éclata d'abord par le refus de tous les titres magnifiques que le Sénat voulut lui donner, & l'on vit bien-tôt l'Empire changer de face, & la vertu régner où le vice avoit paru dans toute son étenduë. Il établit plusieurs loix en faveur du peuple, & pour le réglément des finances ; mais il n'en établit aucune sans l'avis de vingt Jurisconsultes, & de cinquante autres personnes dont il connoissoit la capacité & l'expérience. Il abolit la vénalité des Charges, les donnant au seul mérite. Son Conseil étoit composé des plus habiles & des plus vertueux Jurisconsultes de l'Empire : il disoit qu'il falloit charger du soin de la République, non ceux qui le recherchoient avec empressement, mais ceux à qui on étoit obligé de faire violence, pour leur faire accepter les dignités ; il fut libéral sans profusion, vaillant sans cruauté, & un Juge sévére & équitable tout ensemble. En voici un trait par où je finis son caractére. Un certain Turinus abusant de sa confiance éxigeoit des sommes d'argent de plusieurs personnes, sous prétexte de leur ménager des graces auprés de l'Empereur. Ayant été convaincu de ce crime, il le fit atacher à un pieu autour duquel on mit de la paille & du bois humide qu'on alluma, tandis qu'un Hérault crioit : *Le Vendeur de fumée est puni par la fumée.*

(174) Gustave I ou Gustave Eric-son étoit de la famille de Vasa & descendoit des anciens Rois de Suéde. Il monta sur le Trône à l'ocasion de la révolution que firent naître les cruautés de Christiern II, *la honte de l'humanité & l'oprobre de la Couronne de Danemarc :* c'est ainsi qu'il est apellé par un Auteur également critique & judicieux. Gustave ne fut d'abord que Gouverneur de Suéde ; ensuite il fut élu Roi prés d'Upsal, & ce Royaume qui n'étoit qu'électif devint héréditaire dans sa famille. Depuis la mort de Charles XII, le Roy est électif comme autrefois, & le Royaume a repris ses anciens droits. La Reine aujourdhui régnante, ayant été élüë a engagé les Etats à faire passer le titre de Roy au Prince de Hesse, aujourd'hui Landgrave, qu'elle a épousé. La Suéde a donné à l'Europe deux objets d'admiration, dans deux Gustaves, Gustave Eric-son, & Gustave Adolphe. Ce dernier est plus connu sous le nom du Grand Gustave. Nous en avons déja parlé note 10. C'est de ce héros qu'ont été dites ces belles paroles, *qu'il étoit mort l'épée à la main, le commandement à la bouche & la victoire dans l'imagination.* Gustave Eric-son est parfaitement dépeint dans l'excélent ouvrage de l'Abbé de Vertot sur les révolutions de Suéde.

plus célébre par l'établissement de l'Inquisition (175), que par celui de sa Monarchie ; par le bannissement des Juifs hors de l'Espagne, que par l'assujétissement de tant de peuples sous sa domination.

Les actions de valeur ont été remarquables dans Charlequint ; celles de justice, puissantes dans Philippe II ; celles de religion, glorieuses dans Philippe III ; celles du gouvernement, héroïques dans Philippe IV ; & toutes jointes ensemble dans Ferdinand.

Un Roy ne doit jamais cesser d'agir, parce que ses actions sont grandes ; lorsque l'ocasion des unes manque, il doit passer à d'autres : César homme de cœur & de capacité, s'apliqua toujours à la pratique de cette sage régle : quand il n'eût plus de Nations à subjuguer, il entreprit d'aplanir les montagnes ; aprés avoir soumis les hommes à ses loix, il voulut aussi y soumettre les riviéres & les mers : aprés avoir rétabli l'Univers, il réforma le tems. Caïus Velleïus Paterculus toujours solide dans ses réfléxions, remarque que la fin de ses exploits fut suivie de celle de ce grand homme : la mort qui durant tant d'années l'avoit respecté parmi les dangers de la guerre, ne le laissa que cinq mois dans le repos.

Les

(175) Ferdinand & Isabelle voyant que plusieurs Mores & Juifs convertis retournoient au Judaïsme & au Mahométisme, & pervertissoient même quelques Chrétiens, établirent dans la Castille l'Inquisition, indépendante des Evêques, telle qu'on la voit aujourd'hui dans toute l'Espagne, où elle s'est étenduë depuis la prise de Grenade, ainsi que dans tous les autres Etats soûmis à cette Monarchie, excepté dans le Royaume de Naples ; & particuliérement dans les Pays-Bas, où les peuples, n'en pouvant même soufrir le nom se sont soulevés, & la plûpart se sont soustraits de la domination d'Espagne. Ce genre de Tribunal est fort décrédité dans l'esprit des François, le trop de zéle des Inquisiteurs leur faisant quelquefois enveloper des personnes inocentes dans leurs acusations, & leur maniére de procéder étant singuliére & extraordinaire.

Les belles actions nous préparent à d'autres, en facilitent l'éxécution. Soliman qui avoit blanchi dans de continuelles entreprises durant un régne de quarante ans, la premiére année s'êtoit assûré de l'Egipte, la seconde, il envahit la Hongrie : aprés s'être rendu maître de Rhodes, il aspira à la conquête de Malte : il en confia l'éxécution aux deux Bachas, Mustapha & Piali (176), ses deux bras puissans ; mais cette grande tête ne les assistant point, la jalousie les divisa & sauva les Maltois. Ce Monarque n'avoit d'autres serrails que les Royaumes qu'il avoit conquis, & ne connoissoit d'autre repos que les triomphes qu'il avoit si bien mérités : heureuses inclinations, & beaux éxemples que ses successeurs n'ont point imités !

Lorsqu'un Prince a pris du goût pour les belles actions, il ne se trouve jamais sans de nouvelles & de glorieuses ocasions : de cette maniére le César des Espagnols, Charlequint, pour se reposer des unes passoit à d'autres : il humilioit les Hérétiques, abaissoit le Turc, prenoit un Roy, en mettoit un autre en fuite ; passoit d'Europe en Afrique, triomphoit par tout.

Ce Prince aprend comme les Rois doivent se servir de leurs trésors. L'emploi que Néron & Caligula faisoient de leurs

(176) Mustapha êtoit le Commandant de terre, & Piali êtoit celui de mer, les deux plus grands Généraux qu'ayent eû les Turcs, & auxquels Soliman êtoit redevable d'une partie de ses conquêtes. Piali envieux de la gloire de Mustapha, qui eut redoublé par la prise de Malte, saisit la crainte des mauvais tems dont il avoit à se méfier pour se retirer. Ils avoient continuellement résisté durant tout le siége aux desseins l'un de l'autre, de sorte qu'aprés le départ de Piali, les soldats de Mustapha, d'ailleurs rebutés par les fréquens assauts où ils avoient été repoussés, se déterminérent par son éxemple, & plus encore par les discours qu'il avoit fait répandre dans le camp, à demander leur retour. Le siége fut levé lorsque Malte se trouvoit réduite aux derniéres extrémités. Sans la mésintelligence de ces deux Chefs, cette ville eut été infailliblement prise.

leurs millions, eſt bien diférent & bien opoſé à celui que Jacques Roy d'Aragon faiſoit de ſes deniers.

Quand les entrepriſes ſont utiles,elles rendent avec uſure ce qu'on y a ſacrifié : les Rois de Portugal ſe ſont particuliérement diſtingués par la ſolidité de leur choix, acquérant en même tems des richeſſes & des honneurs.

Ferdinand en Prince éclairé êtoit énemi de toutes les entrepriſes vaines & inutiles, qui ne ſervent qu'à jetter l'épouvante, enſevelir les ſujets & les tréſors, telles qu'êtoient celles des Rois Pierre de Caſtille & (177) Pierre d'Aragon, qui n'êtoient animés ni par raiſons de juſtice, ni par raiſons d'intérêt; mais uniquement par une fauſſe émulation, dont l'éfet eſt la perte des deux Rois & celle de leurs Royaumes.

Vouloir, comme Charles VIII, n'épouſer que la gloire, c'eſt chercher une femme pauvre & ſtérile; & un Prince inutilement orgueilleux, ſe trouve bien-tôt ſeul.

Henri IV avant que de commencer une entrepriſe, cherchoit à s'y déterminer par mille diférentes raiſons, & quelquefois aprés s'être convaincu de ſon utilité intérieure, il l'abandonnoit (178) à cauſe de ſes circonſtances. On aſſûre

(177) Il n'y a eu qu'un ſeul Roy de Caſtille qui ait porté le nom de Pierre, & qui eſt connu dans l'hiſtoire par ſes cruautés, qui lui ont fait donner le ſurnom de Cruel. Pierre dit le Cérémonieux régnoit alors en Aragon. Ces deux Rois n'eurent aucune guerre à qui puiſſe être apliqué ce que dit Gracian.

(178) Henri IV ſera toujours regardé comme un des plus grands Rois de la Monarchie des François : grand Prince & en même tems trés-bon Prince, il mérita également l'admiration des Etrangers & l'afection de ſes ſujets : il avoit beaucoup de valeur, de prudence & de généroſité : il avoit une franchiſe qui gagnoit les cœurs, & une grande facilité à pardonner les injures, & cela de maniére à perſuader ceux qui recevoient le pardon, que la réconciliation de ſa part êtoit ſincére, pourvû que leur repentir le fût auſſi. Mais dans le traité qu'il fit avec le Duc de Savoye, où il échangea le Marquiſat de Saluces contre la Breſſe. *Ce qui lui fit*, dit M. de Rohan dans ſes maximes des Princes, *commettre cette faute contre*

aſſûre la durée d'un Etat en le purgeant des humeurs vicieuſes & ſuperfluës. Le défaut de guerre ocaſionne quelquefois des ſéditions inteſtines : c'eſt un grand art de ſavoir faire d'un poiſon, un antidote.

L'oiſiveté fut le ver rongeur qui détruiſit la félicité trop longue des Eſpagnols : elle introduiſit dans Rome tous les vices qui y parurent. Il n'y a point de plus dangereux énemi que de n'en avoir point : ſentence de Metellus (179) lors de la deſtruction de Carthage, & qui ne fut que trop juſtifiée par de funeſtes expériences : les premiers Ottomans avoient coutume de ne point vivre ſans guerre : ils changeoient d'énemis : ils afoibliſſoient par un pernicieux repos la valeur & l'expérience de ceux qu'ils ne combatoient point, & tenoient toujours leurs troupes victorieuſes en haleine.

La puiſſance militaire eſt la baze de la réputation : un Prince déſarmé eſt un lion mort qui eſt inſulté de tous, le timide liévre eſt le plus inſolent.

Ferdinand aprés avoir terminé la guerre qui duroit depuis ſi long-tems en Eſpagne, ne licencia point ſes ſoldats : il

ſon intérêt, fut le deſir de goûter le repos, étant une chôſe certaine que l'homme ſe flatte ordinairement dans les choſes qui s'acordent avec ſes inclinations. Ce Prince aimoit naturellement ſes plaiſirs, la néceſſité de ſes afaires l'avoit juſqu'alors engagé dans des travaux indiſpenſables, de maniére que ſe voyant paiſible dans ſon Royaume, & croyant avoir ſatisfait à ſon honneur, il aima mieux prendre une compenſation du Marquiſat de Saluces, quoiqu'elle fut inégale, que de s'embarquer en une guerre de longue haleine, d'où l'on doit conclure que ce que Gracian louë comme un éfet de la prudence d'Henri IV, pouvoit n'être que celui de ſon amour pour le repos.

(179) Scipion aprés avoir pris Carthage écrivit au Sénat : *Carthage eſt priſe, Péres conſcripts, qu'en ordonnez-vous?* On en réſolut la deſtruction. Rome n'ayant plus de guerres au dehors fut bien-tôt déchirée par les guerres civiles, comme l'avoient prédit ceux qui s'étoient opoſés à la deſtruction de Carthage ; mais les Hiſtoriens ne nomment perſonne, ni Métellus, ni aucun autre, ils diſent tous uniformement, *Quidam, Quelques-uns, &c.*

il évita ce qui fut dans le négligent Rodéric (180) la premiére cause de sa perte : il les changea de camp, & les envoyant hors de l'Espagne, en fit à son Royaume une muraille vivante.

Il connut & se servit bien de sa grande puissance : il savoit jusqu'où pouvoient aller ses forces, & il sçut les bien employer : il ne connoissoit pas moins celles de ses énemis, & il les prévint toujours : on eût dit des Espagnols que ce Prince envoya dans les Royaumes étrangers, qu'il les eût transformés en lions. Dans les fréquentes guerres qu'il eut avec les François, il les vainquit toujours, & jamais n'en fut prévenu. Il sembloit commander à toutes les Nations, en se comportant avec elles suivant leur génie & ses lumiéres.

Mais ce qui rend la politique de ce grand Monarque plus distinguée, c'est qu'il fit toujours la guerre avec de la poudre sourde, sans faire retentir le monde de ses grandes entreprises, sans cet inutile & dangereux bruit des armemens qui avertit les énemis, irrite les neutres & fait tenir toutes les Puissances sur leurs gardes : sans tant d'apareil, il prenoit une place en Afrique, un Royaume en Espagne, une isle dans l'Océan, une ville en Italie, & le tout avec la vitesse d'un lion : il n'y eut point d'homme qui connût mieux l'ocasion d'une entreprise, la saison d'une afaire, le tems favorable pour tout.

Il étoit présent à tout, ou par lui-même, ou par Isabelle

(180) Plus je me rapelle l'histoire de Rodéric, & moins il me semble qu'il ait été dans une situation semblable à celle de Ferdinand. Il ne fut assûrément jamais dans le cas de licencier des troupes, puisque les premiéres qu'il leva furent pour résister aux Sarrazins, & que la fin de cette guerre mit fin à son régne, & dans sa personne à celui des Rois Goths en Espagne.

belle : cette digne Reine le remplaçoit dans les afaires les plus importantes de l'intérieur du gouvernement.

C'est une question célébre parmi les politiques, si le Prince doit se fixer au centre, & gouverner les autres parties par sa puissance & ses connoissances : ou si comme le soleil il doit parcourir l'horizon de son Empire, éclairant, ordonnant & vivifiant tout : il y a de fortes preuves, & des éxemples acrédités pour l'un & l'autre sentiment.

Tous les héros qui ont fait de si grandes actions, ont agi presque toujours en personne. Le grand Aléxandre en dix années, réduisit toute la Gréce, subjuga la Perse, dompta la Scythie, enleva les richesses des Indes, conquit l'Orient, remplissant le monde de terreur, & la postérité de sa mémoire. Le fameux César remporta cinq triomphes ; le premier aprés avoir subjugué les Gaules, conquis la Bretagne, réfréné la Germanie ; le second par la conquête de l'Egipte, & par la mort de Ptolomée ; le troisiéme par la déroute de Juba ; le quatriéme par l'humiliation de Pharnaces ; & le dernier par l'extinction des restes de Pompée en Espagne. Le célébre Annibal à l'âge de 20 ans prit Sagunte, vainquit cinq Généraux & trois Consuls Romains, & dans la bataille de Cannes quatre-vingt dix mille (181) Sénateurs. Le grand Auguste finit heureusement cinq guerres civiles, assujétit douze Nations barbares, & toutes celles de l'Univers lui envoyérent leurs Ambassadeurs & leurs présens. Trajan étendit les limites de l'Empire de l'autre côté du Tigre, & de l'Euphrate. Charlemagne établit sa Tétrarchie, & ceignit ses vénérables

(181) *Quatre-vingt-dix mille Sénateurs!* Gracian se trompe dans le nombre.

bles cheveux blancs des trois (182) Couronnes. Mahomet conquit deux Empires, douze Royaumes & plus de deux cens Villes. Jacques d'Aragon donna & gagna trente batailles. Ginghis grand Kam s'assujétit neuf Royaumes & en détruisit autant. Othon I fit la guerre pendant trente ans & vainquit toujours les Princes d'Allemagne, de Bohéme, de Hongrie, & les Bérangers en Italie : Tamerlan appellé la terreur du monde, dépouilla toute l'Asie, prit Bajazet captif dans une bataille où deux cens mille Turcs furent tuez, ravagea en trois ans l'Albanie, l'Ibérie, l'Arménie, la Perse, la Mésopotamie, & l'Egipte. Boleslas Roi de Pologne (*voyez la note* 125) se fit payer tribut par les Prussiens, les Russiens, & les Moraves : il vainquit Jaroslaüs Duc de Russie, il alla jusqu'au fleuve Boristéne, où il érigea deux colonnes de bronze pour être le terme de ses conquêtes.

Le Grand Mogol s'empara avec huit cens mille combatans de l'Asie Mahométane, & établit (183) son Empire entre l'Inde & le Gange.

Le victorieux Alfonse Henri, premier Roi de Portugal employa quatre-vints ans (184) à combatre les Mores, vainquant dans diférentes rencontres huit Rois, dont sept y périrent. Ismael Sophi conquit la Perse, la Mésopotamie, la Médie, la Cappadoce, l'Ibérie, & l'Arménie. Charlequint humilia les plus grands Princes qui ayent été dans le monde;

(182) Ces trois couronnes sont celles de l'Empire d'Occident ou d'Allemagne, de la France & de l'Italie.

(183) Tamerlan s'étoit rendu toute l'Inde tributaire; mais il avoit laissé les diférens Rois Indiens en possession de leurs Etats, en sorte que ce ne fut qu'Houmayon son petit-fils qui les réduisit, les soumit, & donna à cet Empire la forme qu'il conserve encore aujourd'hui.

(184) Cet éloge paroît d'abord excessivement outré ; mais il ne l'est pas tant qu'il le paroît. Ce Prince mourut à l'âge de quatre-vints-onze ans ; il avoit conquis son Royaume sur les

monde;il fit prisonnier celui de France, mit en déroute le Turc, emprisonna l'Empereur du Méxique,dépouilla celui du Pérou, défit celui de Tunis & plusieurs autres. Mais peut-on refuser une juste admiration à Sémiramis fondatrice de Babilone? Peu contente de la vaste (185) Monarchie d'Assirie, elle fit la conquête de l'Egipte, entreprit celle de l'Inde, & à la tête d'un million de soldats & de deux mille navires, elle vainquit sur les eaux du fleuve de l'Inde le Roy Staurobatés: peignant ses cheveux, on vint lui aprendre que Babilone s'êtoit révoltée, & dans l'instant elle part, elle voit, elle triomphe.

Ainsi tous ces grands hommes qui se sont rendus célébres par leurs belles actions, ont commandé leurs armées en personne, & c'êtoit un proverbe politique parmi les premiers Ottomans, ces fameux guerriers, que la victoire n'êtoit point complete, lorsque le Grand Seigneur ne s'y êtoit point trouvé.

Un soldat qui est vû par son Roy, est à demi récompensé. La présence du Prince vaut une autre armée. Pierre le Grand, Roy d'Aragon, sufit avec ses seuls Catalans & sa valeur, pour résister à Philippe Roy de France qui êtoit entré en Catalogne avec une armée de dix-sept mille hommes de gendarmerie, cent mille hommes d'infanterie, cinquante mille travailleurs, & quatre-vingt mille bêtes de

Mores, & depuis son enfance jusqu'à ses plus vieux ans, leur avoit continuellement fait la guerre.

(185) Tout ce narré est fort incertain, & l'on revient peu à peu des sentimens qu'on avoit sur la grandeur des premiers Rois d'Assyrie. L'histoire qui en a été faite par Ctésias est remplie de fables. L'on suit à peu de chose près le sentiment que M. Bossuet a renouvellé dans son Discours sur l'Histoire Universelle, où il regarde l'Empire d'Assyrie comme un des plus anciens, mais des plus foibles dans son commencement, & qui n'a eu cette puissance formidable que longtems aprés la premiére Sémiramis qui ne fut point fondatrice de Babilone, puisque l'Ecriture

de ſomme (186). Pierre ſeul ſufit pour arrêter l'éfort de cette

nous aſſûre qu'elle doit ſes commencemens à Nemrod.

(186) Cette armée conduite par le Roy Philippe le Hardi, *ſi l'on en croit l'Hiſtoire d'Eſpagne*, dit le P. Daniel, *étoit de quatre vints mille hommes de pié, & de vint mille chevaux.* Ce nombre eſt encore bien inférieur à celui de Gracian, & par la maniére dont le raporte cet Hiſtorien, il paroît qu'il le croyoit encore beaucoup moindre. On emporta d'abord le Rouſſillon. Le Roy d'Aragon s'étoit réſolu à perdre les places avancées, & atendoit l'énemi au col de Paniſſar, l'unique chemin praticable pour entrer dans le Lampourdan : c'étoit le meilleur parti qu'il pût prendre ; mais le Roy ayant apris qu'en faiſant un détour à la gauche on pourroit abſolument s'ouvrir un chemin par un endroit de la montagne où elle étoit toute remplie de broſſailles, fit retrancher ſon armée à la tête du col de Paniſſar & à la vûë des énemis, en diſpoſition à ce qu'il paroiſſoit de tenter le paſſage du défilé : cependant il prit avec lui un corps de troupes choiſies, ſe coula le long de la montagne ſans être aperçu, & arriva aprés une lieuë de marche à l'endroit qu'on lui avoit marqué. On monta avec beaucoup de peine, mais enfin on parvint au ſommet de la montagne. Dès que le chemin fut ainſi frayé par le Roy même, on fit défiler peu à peu l'armée, de ſorte que les Aragonois furent ſurpris de voir tout à coup derriére eux ceux qu'ils croyoient n'avoir qu'en tête. Cette belle marche ſe fit le 18e Juin de l'an 1285. La ſurpriſe mit les Eſpagnols en déroute, ils abandonnérent leur camp, laiſſant tentes, bagages, vivres & munitions dont l'armée profita. Le Roy la fit repoſer trois jours, fort content de s'être ouvert l'entrée de Catalogne, & de pouvoir aiſément avoir communication avec le port de Roſe, dont ſes galéres & ſes vaiſſeaux s'étoient ſaiſis. Le Roy d'Aragon qui n'oſoit paroître en campagne prévit que le deſſein du Roy étoit d'aſſiéger Girone. Il la pourvut abondamment de tout ce qui étoit néceſſaire pour ſoûtenir un long ſiége, & en donna le commandement à Raymond de Carmone, vaillant & expérimenté Capitaine qui lui promit de ne rien épargner pour répondre à l'eſtime qu'il témoignoit de ſa valeur & de ſa conduite en une ocaſion ſi importante. La place fut ataquée ; mais la vive réſiſtance des aſſiégés, des partis ſans nombre qui rendoient la conduite des convois fort dangereuſe, en ſorte qu'il n'en arrivoit point au camp ſans combat, & plus encore une multitude éfroyable de mouches d'une grandeur extraordinaire qui firent périr une infinité de chevaux, & les chaleurs exceſſives qui cauſérent beaucoup de maladies, rendirent le ſiége fort long. La place fut priſe ; mais la longue réſiſtance des aſſiégés ſauva le reſte de la Catalogne. L'Amiral Roger Doria ſurprit la flote qui étoit au Port de Roſe, & ſecondé par les habitans la ruina entiérement. Par cette perte on fut obligé d'abandonner les magazins de vivres qu'on avoit à Roſe, & faute de ce ſecours, l'armée commença beaucoup à ſoufrir de la diſéte. Les pluies ſurvinrent, & rendirent la campagne impraticable. Philippe laiſſa garniſon à Girone, & reprit le chemin de ſes Etats. Il étoit malade, & on le portoit dans une litiére. Il fallut emporter l'épée à la main, le paſſage dont les Aragonois s'étoient emparés, & ce fut avec une grande perte. Le Roy arriva très-malade à Perpignan & y mourut. Sa mort fut ſuivie

cette armée, & peu aprés avec un ſecours trés modique qu'il reçut, il obligea les François de ſortir de ſes Etats. Sardanapale (187) perdit une Monarchie d'or pour s'amuſer à filer dans le ſerrail de ſes infâmes concubines. Darius périt avec ſes délices, & s'il ſe préſenta pour réſiſter à Aléxandre, il n'êtoit plus tems, & ce fut avec des lances d'or & des chariots d'ivoire : Gallien *(voyez les notes 136 & 158)* pour conſerver une fleur de ſes jardins, laiſſa perdre vint Provinces, & s'élever trente Tirans : Rodéric ſe perdit par les délices de la paix, la guerre acheva ſa perte : le négligent Conſtantin ſe laiſſa entourer dans ſon Palais & au milieu de ſa Cour, & n'ayant oſé ſortir au devant de l'énemi, l'énemi vint le chercher dans Conſtantinople.

Auguſte, Trajan, Théodoſe & ces autres fameux Princes, retournoient victorieux à Rome, comme au téâtre de leurs triomphes. Tibére, Néron, Caligula, Domitien & Héliogabale y êtoient au contraire comme enfoncés dans la fange de leurs honteux plaiſirs : il n'y a de véritable repos que celui qui ſuit un travail honnête.

A

de la perte de ſa conquête, Girone inveſtie & coupée de tous côtés ſans eſpérance de ſecours, capitula & ſe rendit à condition que la garniſon Françoiſe ſeroit reconduite en France. Le Roy d'Aragon ne ſurvécut que de quelques ſemaines au Roy de France. On dit qu'il mourut d'une débauche, n'ayant pû modérer juſqu'à l'entiére guériſon d'une bleſſure qu'il reçut dans une rencontre, ſa paſſion pour une Maîtreſſe. Ce fut un Prince également politique & guerrier, & l'un des plus acomplis de ſon ſiécle, en ces deux genres de mérite qui contribuent le plus à former l'idée d'un grand Roy.

(187) L'hiſtoire de Sardanapale eſt fort confuſe : il n'eſt pas douteux qu'il ne fut très voluptueux ; mais il eſt incertain s'il a péri dans le ſiége de Ninive. On croit au contraire qu'il mourut de vieilleſſe, & qu'il eut pour ſucceſſeur Phul, nommé auſſi Ninus. Cependant ſon empire ne laiſſa pas d'être diviſé ; les Médes ſe mirent en liberté, & les Babiloniens ſe donnérent un Roy qui fut indépendant de ceux d'Aſſyrie. On attribuë au régne de Sardanapale une partie des événemens qui ſont arrivés à Cinaladan ou Sarac qui ſe brûla dans Ninive, lorſqu'elle fut priſe & détruite par le grand Ciaxarés Roy des Médes, & par Nabopolaſſar Gouverneur de Babilone & enſuite Roy d'Aſſyrie.

A ces beaux éxemples de Princes guerriers & heureux, on opose ceux de Louis (188) Roy de Hongrie & de Bohéme, à qui sa valeur fut si funeste ; de Sébastien (*voyez la note* 116) Roy de Portugal, qui finit son régne avec sa (189) vie par de tragiques accidens. Leur témérité rendit sages les autres Princes : ils perdirent leurs Etats par trop de hardiesse, & aprirent aux autres par leur funeste éxemple à mieux conserver les leurs.

Le devoir d'un Roy est de commander, & non pas d'éxécuter : sa sphére est le cabinet, & non pas la tente : c'est la tête du corps politique de l'Etat ; les bêtes nous font une leçon en exposant pour conserver la leur piéce par piéce tout le reste du corps. Qui soutiendra qu'un Prince doit risquer sa vie, son Royaume, son honneur dans le hazard d'une bataille, aprés tant de funestes éxemples anciens & modernes ? De Valérien (190) Empereur qu'on fait servir de marchepié au barbare Sapor ; de Bajazet

(188) Louis II, Roy de Hongrie & de Bohéme perdit contre Soliman II, Sultan des Turcs, la célébre bataille de Mohaft, dans laquelle ce jeune Prince perdit la vie, s'étant engagé dans un marais.

(189) Il parut à Venise en 1598, un homme qui se disoit être Sébastien. Il lui ressembloit si parfaitement de visage, de taille & de ton de voix, que les Portugais qui étoient dans cette ville le reconnurent pour être leur Prince. Il fut arrêté, & ayant été obligé de répondre devant les Juges qu'on avoit nommés pour décider d'une afaire si délicate, il soûtint toujours qu'il étoit Sébastien. Il dit qu'il fut méconnu par les Mores qui le firent prisonnier, qu'aprés avoir long-tems souffert, il venoit reprendre une couronne que le Ciel & sa naissance lui avoit donnée : ensuite il fit voir sur son corps des marques qu'on avoit vûës sur celui du Roy de Portugal, & dit aux Vénitiens des secrets qu'ils lui avoient fait proposer par leurs Ambassadeurs, n'oubliant aucune des circonstances qui pouvoient faire connoître qu'il étoit Sébastien. Les Espagnols qui étoient maîtres du Portugal le traitérent d'imposteur, le firent chasser de Venise, & l'arrêterent en Toscane. On lui fit soufrir mille indignités, on le rasa, on le mit aux galéres, & enfin en prison où il finit ses jours.

(190) Valérien ayant été fait prisonnier par Sapor Roy de Perse, son vainqueur ajoûta le mépris & l'injure à la servitude, & se servit du dos de cet Empereur pour monter à cheval.

zet (191) captif de Tamerlan, renfermé dans une cage d'or; châtiment proportionné à sa fierté : du malheureux Ladislas (192) Roy de Pologne, joué par la fortune, mal conseillé par les siens, victorieux & vaincu, enfin immolé par l'épée des Janissaires; d'Alphonse Roy d'Aragon (193) qui disparut à la bataille de Fraga, afin que personne ne pût dire avoir vû un Aragonois mort & vaincu : de François I, Roy de France, grand Roy, afin que l'Espagne pût se vanter d'avoir eu un grand prisonnier : de Sébastien, dont

(191) Bajazet I de ce nom & cinquiéme Empereur des Turcs, fut pris par Tamerlan Roi des Tartares, aprés avoir perdu cette fameuse bataille où il y avoit de part & d'autre quatre cens mille hommes : Il fut enfermé, non pas dans une cage d'or, mais dans une cage de fer, sans que les malheurs de sa captivité & les indignités qu'il y soufrit, fussent capables d'abaisser son orgueil. Ce Prince ennuïé de vivre dans une si grande ignominie se tua de désespoir, en se frapant la tête contre les barreaux de sa cage. C'est-là ce qu'on pense communément sur Bajazet. L'Auteur contemporain de la vie de Tamerlan, traduit par M. Petis de la Croix, & qui est le plus fidéle, ne dit point un mot de l'indignité du traitement fait à Bajazet, & au contraire il dit que ce Prince mourut de mort naturelle. Ce dernier sentiment est, je crois, le plus vrai; mais ce n'est point celui qui a été le plus suivi jusqu'à présent. On aime une histoire où il se trouve des faits qui ne sont point ordinaires, des situations qui sont intéressantes, & comme l'objet des lectures est plus souvent l'amusement que l'instruction, l'histoire la plus éxacte, la plus vraie, si elle ne renferme que des traits simples & ordinaires, est souvent une histoire peu lûë.

(192) Ladislas V, Roy de Pologne, ou Ladislas IV, Roy de Hongrie, fit la guerre à Amurat, Sultan des Turcs, & envoya contre lui Jean Huniade, qui remporta des avantages très considérables, il fit ensuite la paix avec lui; mais il la rompit à l'instigation du Pape, & il fut tué dans la bataille de Varnes qu'il perdit. C'est-là simplement ce que dit Gracian en d'autres termes plus pompeux & plus embarrassans : comparant ses premiers succès avec les derniers; *Joué de la fortune, victorieux & vaincu*, & lorsqu'il dit *mal conseillé par les siens*; c'est-à-dire, qu'il suivit trop témérairement le conseil du Pape & des Princes, qui l'engagérent à rompre la paix. Enfin *immolé par l'épée des Janissaires*, ne veut rien dire autre chose, sinon qu'il fut tué dans un combat contre les Turcs.

(193) C'est Alfonse I, le même dont nous avons parlé, Note 154. Ce Roy avoit mis le siége devant Fraga, les Mores qui venoient pour secourir cette place, le rencontrérent à la tête de trois cens chevaux, & l'envelopérent. Il fut tué en se battant comme un lion, & comme on chercha inutilement son corps aprés cette bataille, cette raison a donné lieu à Gracian de faire une rodomontade en faveur de son pays.

dont on peut dire que ce fut un ſoleil naiſſant, qui fut éclipſé par le croiſſant d'Afrique.

Céſar combatit bien, & devint Empereur : Valérien combatit mal, & ceſſa de l'être. Almançor conquit l'Eſpagne par ſes Capitaines, & conſerva l'Afrique par ſa préſence. Charlequint remporta moins de victoires par lui-même, que par ſes Généraux. Si l'on ne doit point blâmer les Rois qui ont combatu à la tête de leurs armées pour établir leurs Monarchies ; au moins, lorſqu'elles ſont bien établies, on doit convenir que c'eſt imprudence de riſquer le tout. Le trés heureux Emanuel Roy de Portugal n'alloit point chercher les victoires en Afrique & en Aſie, ſes Généraux les gagnoient ; & il reçut les hommages de tout l'Orient qui vint ſe proſterner à ſes piés.

Entre ces deux extrémités, aller toujours comme Adrien (*voïés la note* 53), demeurer toujours comme Gallien (*voïés les notes* 136 *&* 158) : le prudent Ferdinand prit le milieu, le repos ſuccédoit au travail, le retour à l'abſence.

Il ne fixa ſa Cour dans aucune ville d'Eſpagne, ou parce qu'aſpirant toujours à de nouvelles conquêtes, il ne voulut point fixer le centre avant que d'avoir fixé les bornes ; ou que par le trait d'une profonde politique, il ne voulut point élever une Nation & abaiſſer l'autre. Les Rois politiques de la Chine pouſſés par cette réfléxion ont marqué deux villes (194) Peckin & Nankin, pour être le ſiége de leur

(194) Peckin ſignifie Cour du Septentrion, & Nankin Cour du Midi. Depuis le commencement du quinziéme ſiécle, les Empereurs ſe tiennent toujours à Peckin, ce qui a beaucoup fait diminuer Nankin de ſa grandeur ; néanmoins cette derniére eſt toujours regardée comme la plus conſidérable ville de l'Empire, à cauſe de ſa ſituation, de ſon port, de l'afluence de toutes choſes, de la fertilité des terres & de ſes canaux qui étendent ſon commerce juſques dans le centre de la Chine.

leur grandeur. Ils s'y ſont déterminés par la ſituation de ces deux Villes à portée de toutes les parties de leur Empire, par la temperature des ſaiſons, & pour s'aſſûrer de la fidélité de leurs vaſſaux, par une diſtribution égale des faveurs & des charges.

Il y eut toujours dans tous les Etats un centre du commandement : quelques Villes l'ont été parce qu'elles ont donné commencement à la Monarchie : ainſi Rome fut chef d'un grand Empire, du monde entier, centre de richeſſes, de délices, de grandeurs, de merveilles, mére univerſelle de toutes les Nations, & renferma dans ſes enceintes juſqu'à cinq millions d'ames. D'autres le furent par choix & à cauſe de la commodité de leur ſituation, ſoit par raport aux afaires politiques ou aux afaires civiles : ainſi Conſtantinople fut la capitale de l'Empire Chrétien, & l'eſt aujourdhui de celui des Ottomans. Ce double choix ſe doit à ſa ſituation, la plus belle de l'Univers, ſur les frontiéres de l'Europe & de l'Aſie, commandant le Pont Euxin & la Propontide, clef de ces deux mers, centre des Provinces de la Thrace, Reine de toutes les Villes de l'Europe par la beauté de ſa ſituation, la commodité de ſon port, la grandeur de ſes édifices, la richeſſe de ſon commerce, la quantité de ſes bâtimens, & la Cour du Grand-Seigneur.

La grande Ninive fut dès les premiers tems de ſon établiſſement, la capitale du premier Empire du monde, l'Empire des Aſſiriens : elle augmenta au point qu'elle avoit pour trois jours de chemin, comme nous l'aprend l'Hiſtoire ſainte (195). Babilone fut la Cour des Princes Caldéens ; elle

(195) L'Ecriture dit, *Et Ninive erat civitas magna itinere trium dierum.*

elle avoit cent portes d'airain, des murailles de cinquante coudées de large, & de cent coudées de haut, flanquées de trois mille tours : Sémiramis en fut la fondatrice ; Nabucodonosor l'augmenta au point qu'Aristote raporte qu'une partie en ayant êté prise & sacagée, l'autre fut trois jours sans le savoir (196) : mais sans parler des capitales de ces Empires déja oubliés, Paris a mérité d'être le siége des Rois trés Chrétiens depuis plus de mille ans, par sa situation dans un terrain égal, & au milieu de plus de douze mille Villages à dix lieuës aux environs, & c'est aujourdhui la plus grande Ville de la Chrétienté : Londres en Angleterre, par l'agrément de sa campagne, & la navigation de la Tamise : Vienne en Allemagne, par sa force & pour sa fidélité : Stockolm en Suéde, par la beauté & la fréquentation de son port : Cracovie en Pologne, célébre par son Université, & défenduë par de forts Châteaux : Moscou en Moscovie, d'un air & d'un terrain sain, qui ne fut jamais afligée par la peste ; si peuplée, qu'elle entre dans le nombre des quatre plus fameuses Villes de l'Europe : Tauris en Perse, couronnée de jardins, arrosée de mille fontaines, d'un air trés salutaire, abondante en toute sorte

Et Ninive étoit une grande ville de trois jours de chemin ; ce qui ne se doit entendre que du tour de la Ville. C'est le sentiment de S. Jérome, & de tous les Interprétes.

(196) Quoique Babylone soit apellée grande dans les Prophéties de Daniel, & que le Roy Nabucodonosor se glorifiât d'avoir dans ses Etats une ville d'une prodigieuse étenduë, il faut bien se garder d'ajoûter foi aux éxagétations fabuleuses des Grecs. Le changement d'une lettre dans le Grec a pû causer cette erreur, & a pû faire que l'on ait pris trois journées pour la troisiéme partie du jour, ce qui alors voudroit simplement dire, que les énemis êtant entrés dans Babylone, ceux qui habitoient l'autre extrémité de la ville ne sûrent point qu'elle fut prise qu'à la troisiéme partie du jour, ou trois heures aprés le soleil levé. Les Grecs & les Babyloniens divisant le jour artificiel en douze parties : la surprise d'une grande ville, acompagnée de certaines circonstances, peut rendre cela très possible.

te ſorte de délices : Cambalu (197) en Tartarie, d'un ſi grand commerce, qu'il y entre tous les ans plus de mille chariots de ſoye, où le Palais eſt d'une magnificence & d'une ſomptuoſité qui ne ſe trouve nulle part ailleurs : Sarmacande (198) dans le Mogol, enrichie de toutes les dépouilles de l'Aſie, & ſi grande qu'il y avoit ordinairement plus de ſoixante mille chevaux : Fez en Barbarie (199), la plus peuplée & la plus belle de toute l'Afrique, entourée & pénétrée par les bras d'une riviére, centre de richeſſes & de beaux arts.

Si Ferdinand n'aſſiſtoit point en perſonne aux entrepriſes hors de l'Eſpagne, qui ne furent pas les moins glorieuſes, il les conduiſoit par de fameux Capitaines, de prudens Vicerois, des Ambaſſadeurs atentifs, créés dans ſon école, & tous de ſon choix.

Ce grand art de régner ne peut point s'éxercer par un ſeul,

(197) La plus grande partie des Géographes ont fait de Cambalu, la capitale du Katay, qu'ils ont crû être un des principaux pays de la Tartarie : mais c'eſt une erreur dont les Savans ſont aujourd'hui revenus. Le Pére Kircher dans ſa Relation nous aprend que la ville de Peckin ſituée dans la partie Septentrionale de la Chine, & capitale de cet Empire, eſt celle que les Sarrazins & les Moſcovites apellent Cambalu, qui veut dire Ville Royale. Les Tartares qui ſont au nord de la Chine ſont des peuples vagabonds, & qui n'ont point de villes telles qu'on a décrit Cambalu, où l'on raporte qu'il y a des Palais, des temples & d'autres monumens publics d'une magnificence extraordinaire.

(198) Sarmacande n'eſt point dans le Mogol, & c'eſt une erreur de Gracian : cette ville eſt dans la Tartarie ; c'étoit où ſe retiroit Tamerlan, lorſque les guerres ne lui faiſoient point tenir la campagne. Ce Prince vainqueur de l'Aſie en tranſportoit toutes les richeſſes à Sarmacande. Son inclination martiale a pû donner lieu à Gracian d'imaginer qu'il y avoit ordinairement dans cette ville plus de ſoixante mille chevaux. Les Villes des Tartares nous ſont aſſez ſouvent repréſentées, moins ſous l'idée des Villes ordinaires que ſous celle des Camps.

(199) La ville de Fez eſt le ſéjour du Roy de Maroc, qui joint à ſes autres titres celui d'Empereur de l'Afrique. C'eſt une des villes où les Mores ſont le plus de commerce, & où ils vont aprendre le peu qu'il leur reſte des ſciences & des arts.

ſeul, il ſe communique à diférens Miniſtres, qui ſont autant de Rois immédiats. Qu'importe qu'un Prince ſoit parfait, ſi ſes Miniſtres ſont remplis d'imperfection ? Sa gloire n'en ſoufrira pas moins. L'éclat des vertus de Stenon II (200) Roy de Suéde, fut obſcurci par les vices de ſes Miniſtres. Charles d'Anjou étoit aimable par ſes Royales qualités, mais la dureté (201) de ſes Miniſtres le fit haïr, & lui

(200) Je traduirai ſimplement les paroles de Jean Magne qui a fait une Hiſtoire de Suéde. » Factus erat *(Steno)* in oculis omnium ſubditorum » ſuorum gratioſus & maxime popularis, quia alias patri Suantoni, cum » populum tributis oneraret, ad genua procubuit, & tributorum laxationem impetravit. Quo circa jam » in Principem aſſumptus, non modo » tributa a benevolis ſubditis, ſed ipſam eorum vitam pro ipſius ſalute in » mille mortis pericula paratam, & » promptam expertus eſt. Tot populis » ſuffultus, tam potens evaſit, ut multorum Regum ac Principum viribus » reſiſtere potuiſſet. » *Stenon, Roy populaire, étoit aimé de tous ſes ſujets ; il avoit mérité leur afection par la diminution des impôts qu'il avoit autrefois obtenuë du Roy ſon pére, en ſe jettant à ſes genoux. Devenu Roy, il éprouva la reconnoiſſance de ſes ſujets, qui non ſeulement ſe ſoumirent volontairement à tous les impôts qu'il éxigea d'eux, mais qui encore euſſent ſacrifié mille vies pour la conſervation de ce Prince qui leur étoit cher. Cet amour de ſes ſujets le rendoit ſupérieur aux autres Rois :* « Sed parem prudentiam in ſuis quotidianis Conſiliariis cum magnitudine potentiæ ſuæ » conjunctam non habuit. Erant in ejus » camerario conſilio ad aſſentationem » plurima, ad publicam vero utilitatem minima loquentes, quippe nec » ſatis prudentes erant, nec alios prudentiores in Principis conſilium admittebant ; ſed detrectationibus, ſuſurrationibus, ſuggillationibus cæteros innocentes apud juvenem Principem lacerabant : unde brevi effectum » fuit, ut ob eorum malignam imprudentiam, & imprudentem malignitatem plerique optimi & prudentes » viri ab eo ſe removentes alium rerum » ſtatum quam præſentem expectarent : *Mais la prudence de ſes Conſeillers ne ſeconda point la grandeur de ſa puiſſance ; peu atentifs aux véritables intérêts de l'Etat, ils n'en faiſoient point l'objet ni le motif de leurs Conſeils : ce n'étoient point des Conſeillers, mais des flateurs : deſtitués de prudence & énemis de ceux qui en avoient plus qu'eux, ils les éloignoient de l'intimité de ce jeune Prince par de faux raports, de faux bruits, de fauſſes inſinuations : d'où il arriva en peu de tems qu'à cauſe de leur imprudence & de leur méchanceté, les honnêtes gens & les gens prudens ſe retirérent, & qu'à l'état préſent des choſes, il tarda peu d'en ſuccéder un bien diférent.* La guerre que lui fit Chriſtiern Roy de Danemarc acheva ſa perte, & Chriſtiern lui ſuccéda dans ſes Etats.

(201) A juger par le caractére que le P. Daniel fait de Charles d'Anjou, ſes Miniſtres n'euſſent fait que l'imiter. *Ce fut*, dit cet Hiſtorien, *un des Princes dont le mérite a fait le plus d'hon-*

lui fit perdre dans un demi jour le fertile Royaume de Sicile.

C'eſt la tête qui doit gouverner les autres membres, & c'eſt toujours à elle qu'on ſe prend de ce qu'ils font de bien ou de mal. Des Rois ſans avoir de rares talens, ont été célébres par ceux de leurs Miniſtres : les armes de Béliſaire & de Narſés, & les loix de Téophile, & de Trébonien, immortaliſérent Juſtinien : d'autres Rois au contraire avec de belles qualités, & de mauvais Miniſtres, ſe ſont perdus : l'illuſtre Marguerite (202) mérita par ſa perſonne d'être Reine de Danemarc, de Norvége & de Suéde ; d'indignes Miniſtres lui firent perdre ſes Etats. Charles (203) ne perdit

neur à la Maiſon de France: la valeur & l'intrépidité furent ſes vertus dominantes. Il étoit d'une haute & belle taille, fort & robuſte, d'un air grave & majeſtueux, mais fier, hautain, ambitieux & dur.

(202) Marguerite régnoit dans le XIVe ſiécle. L'hiſtoire de Suéde juſqu'à ſon régne ne parle que de troubles & de diviſions, telles qu'on les doit atendre d'une Nation inquiéte & belliqueuſe : elle fut apellée à la couronne de Suéde par les Suédois. Elle battit & fit priſonier Albert de Mékelbourg ſon compétiteur. Haquinus ſon mari lui avoit laiſſé le Royaume de Norvége, & elle avoit hérité de celui de Danemarc après la mort de Waldemar ſon pére. Cette Princeſſe affectionnoit les Danois plus que ſes autres ſujets, & ſe conduiſoit en tout par leurs conſeils : » Erant Dani (*dit Jean Magne*) cum » quibus Gothi & Sueones negotium » habebant, utpote homines cum qui- » bus a regnorum initio ſemper in con- » troverſia fuerant, eorumque conſi- » liis Margarita in omnibus obſecuta, » nihil prorſus efficere curavit quod » tam liberaliter & magnifice promiſe- » rat. » *Il régnoit entre les Danois & les Suédois depuis l'établiſſement de leur Monarchie une jalouſie qui faiſoit qu'en toutes ſortes de rencontres, ils ſe contrecarroient mutuellement : Marguerite qui ſe conduiſoit en tout par les conſeils des Danois, ne ſe mit point en peine d'éxécuter ce qu'elle avoit ſi ſolennellement & ſi généreuſement promis aux Suédois.* « Ericus » ex Pomeraniæ Ducibus, Gothorum » & Sueonum Rex ab his qui minus » Margaritam quam publicam patriæ » felicitatem curabant, electus eſt. » *Eric Duc de Poméranie fut choiſi pour être Roy de Suéde par ceux qui préféroient l'utilité publique & le bonheur de la patrie aux intérêts de Marguerite.*

(203) Il s'agit ſans doute du même Charles Roy de Sicile, dont il eſt parlé dans l'avant-derniére Note, mais ceci conviendroit mieux à Charles VIII, lorſqu'il perdit le Royaume de Naples : il avoit choiſi pour commander en ſon abſence, Gilbert, Comte de Montpenſier, Prince du Sang, homme d'une valeur éprouvée, mais incapable d'un fardeau auſſi péſant que celui-là, qui demandoit plus de prudènce que

dit point sa réputation par ses fautes, mais par celles de ses Gouverneurs.

Un Roy qui a une grande capacité, a toujours un juste discernement : Henri III (204), Roy de Castille, qui se donnoit pour habile dans le gouvernement, & qui véritablement le fut, estimoit les Ministres à talens, soit pour les armes, soit pour les afaires civiles & politiques, parce qu'il en connoissoit l'importance.

Philippe II les tenoit toujours dans une artificieuse dépendance, & amusoit leurs grandes espérances par quelques petites faveurs : ce sont des arts diférens de savoir gouverner ses Ministres, les former, & les conserver.

Plusieurs atribuent au bonheur d'un Roy d'avoir de bons Ministres ; mais il faut plus, ou du discernement pour les choisir, ou de la science pour les former.

Un Roy éclairé & sage non-seulement les choisit, mais encore il les fait, il les forme, il les perfectionne. Un Prince ne peut point les rendre propres à telle ou telle chose, mais il doit connoître s'ils le sont.

Le politique les forme politiques. Louis XI choisissoit parmi les personnes d'un état le plus commun (205) ceux qu'il

de valeur, beaucoup d'aplication & une vigilance continuelle, qualités qui manquoient à ce Prince naturellement énemi du travail & de la fatigue.

(204) Henri III, Roy de Castille, se forma un conseil de ses sujets les plus capables, s'apliqua à maintenir la paix, & lorsqu'il fit la guerre, la fit bien : il apaisa les troubles que causoit continuellement la Noblesse, introduisit plus d'ordre dans l'administration de la Finance & dans celle de la Justice. Il est un des Rois qui ont le mieux travaillé au bonheur de leurs sujets.

(205) Louis XI mettoit toute sorte de gens en œuvre : il employa Olivier Daim son Barbier dans plusieurs Négociations. Vicquefort dans son Traité de l'Ambassadeur raporte un trait assez singulier. *Ce fut*, dit-il, *un plaisant Hérault que celui que Louis XI envoya à Edouard IV, Roy d'Angleterre. Le séjour que l'Armée Angloise continuoit de faire en France, donnoit de grandes inquiétudes à Louis, qui voulant la renvoyer de-là la mer, s'avisa de faire faire une cotte d'armes de la banderole d'une trompette, & en ayant revêtu le*

qu'il jugeoit les plus dociles, & les plus faciles à manier : il leur insinuoit son esprit de politique, son intelligence pour découvrir, son habileté pour prévenir, son adresse pour négocier, & son artifice pour agir.

Le conquérant les forme guerriers : c'est dans la tente de l'Empereur Charlequint que tant d'insignes Capitaines firent leur premier aprentissage : il fit de grandes choses par lui-même, de plus grandes par eux : son bonheur extraordinaire les suivoit & les assistoit.

Ainsi que le politique Louis les forme politiques ; Jacques le conquérant, guerriers ; Charles V Roy de France, sages ; Henri III Roy de Castille, habiles dans le gouvernement ; saint Ferdinand, droits ; Philippe II, prudens ; Jacques le Juste Roy d'Aragon, amateurs de la justice ; notre grand Monarque Philippe IV, comme il est capable de tout, a eu pour Ministre l'excélentissime Seigneur Dom Gaspar de Gusman, Comte-Duc d'Olivarés (206), éminent en tout,

Palfrenier d'un des Seigneurs de sa Cour, il l'envoya au camp des Anglois, où ce prétendu Hérault fit les premiéres ouvertures de l'acomodement, obtint un passeport pour les Députés qui le devoient négocier, & amena avec lui un véritable Hérault qui venoit querir un sauf-conduit pour les Députés d'Angleterre. Ce Palfrenier à qui on avoit en un instant apris le métier de Héraut avoit sans doute quelque chose de spirituel & de singulier que le Roy avoit remarqué en lui, devant qu'on lui fit donner cette commission.

(206) Le Comte Duc d'Olivarés est aussi connu par son élévation, que par sa disgrace. Il êtoit Ministre du Roy Philippe IV, tandis que le Cardinal de Richelieu êtoit celui de Louis XIII : mais les événemens de leurs ministéres sont bien oposés. Sous celui du Cardinal de Richelieu, la fortune de la France a êté si heureusement conduite par ce puissant génie, qu'elle ne s'est jamais lassée d'aporter entre les mains du Roy toutes les victoires & tous les avantages qui pouvoient contribuer à le rendre le plus grand & le plus puissant Monarque du monde. Au contraire le ministére du Comte-Duc d'Olivarés est si rempli de malheureux événemens, qu'il ne paroît considérable que par les disgraces que le Royaume d'Espagne a essuiées pendant qu'il a duré. On dit de ce favori, que ses délibérations êtoient violentes, mais qu'il les éxécutoit sans bruit ; que sa façon d'agir êtoit honnête, mais peu sincére ; que ses paroles êtoient flateuses, mais d'ordinaire sans éfet. Il fut également haï des Grands & du peu-

tout, grand Miniſtre d'un grand Roy : le ciel a toujours réſervé pour les plus grands riſques de cette Monarchie Catholique, les plus grands hommes; & le monde entier conjuré contre elle, n'a ſervi qu'à faire éclater davantage les illuſtres qualités de ſon grand Miniſtre, qu'à les faire connoître à tout l'Univers, qu'à en faire paſſer la mémoire à tous les ſiécles.

Mais ce qui mit le comble au bonheur & aux vertus de Ferdinand, ce furent les éclatantes qualités de la Reine Iſabelle ſon épouſe, Princeſſe qui ne ſera jamais aſſez louée, femme qui fut plus qu'homme.

La bonne & prudente femme cauſe beaucoup de bien, & l'imprudente beaucoup de mal. Les méres & les femmes peuvent beaucoup ſur les Princes; les unes par reſpect, & les autres par amour. Si la ſage Méſa (207) ne pût réfréner les

ple; il avoit éloigné les uns de la Cour, pour n'y point avoir de concurrens, & il avoit chargé les autres d'impôts & les avoit dépouillés de leurs priviléges. Cette haine qu'on lui portoit; la ſévérité dont il uſa envers les Portugais qui regardoient les Caſtillans comme leurs Tyrans, & ſa négligence ou peut-être ſa malhabileté pour reprimer leur révolte furent les principales cauſes de ſa diſgrace. J'ai retranché deux lignes qui étoient d'une éxagération outrée: Gracian l'apelloit, *Véritable Géant de cent bras, de cent entendemens, de cent prudences.* Que les Miniſtres doivent peu compter ſur les éloges qui leur ſont donnés dans le tems de leur élevation!

(207) Méſa étoit née en Phénicie, elle eut de Julius Avitus Lupus deux filles; l'une Julia Soemia ou Soemiade mére d'Héliogabale, & l'autre Julia Mammea mére d'Aléxandre Sévére. Le Pére Pedruſi dans ſes ſavantes explications des Médailles du Cabinet du Duc de Parme, eſt d'un ſentiment bien diférent de celui de Gracian. Selon lui, Méſa ſurvêcut à Héliogabale. *Elle vit, dit ce Pére, régner ſon autre petit-fils Aléxandre Sévére. Vide regnante l'altro ſuo nipote Aleſſandro Severo.* Méſa avoit parû pour la premiére fois à la Cour, ſous les régnes de Septimius Sévérus, & de Caracalla, comme ſœur de Julia Pia, femme de Septimius Sévérus. Elle amaſſa de grandes richeſſes, & s'en ſervit pour élever ſon petit-fils ſur le Trône aprés la mort de Macrin. Son ambition couronnée, elle fut auſſi atentive à ſe conſerver dans les honneurs, qu'elle avoit été habile pour les acquérir; Elle employa toute ſon adreſſe & tous ſes conſeils pour modérer les excès d'Héliogabale, & le preſerver des malheurs qu'elle prévoyoit, & qui arrivérent. Elle l'engagea d'adopter Aléxan-

les monstruosités d'Héliogabale son petit-fils, au moins sçut-elle en empêcher l'éclat tant qu'elle vécut. Le Grand Constantin dut une partie de ses vertus, & sa conversion au Christianisme, à l'Impératrice Sainte Héléne son épouse : l'Empereur Frédéric se comporta d'une maniére bien diférente tant que vécut sa pieuse mére (208). L'héroïque sainteté

dre Sévére, afin qu'au moins l'élévation d'un autre de ses petits-fils la pût consoler de la perte d'Héliogabale, & c'est ce que raporte Hérodien d'une maniére bien précise, livre 5. *Quod animadvertens Mesa, ac suspectans militum indignationem, metuensque, ne si illi quid accidisset, ipsa rursus in privatam vitam relaberetur, persuadet levi alioqui stolidoque adolescenti, ut sibi consobrinum suum, nepotemque ipsius, ex alterâ filiarum Mammeâ prognatum adoptaret :* Mésa mourut dans une extrême vieillesse, comme le raporte encore le même Auteur, livre 6. *Extremæ senectutis diem suum obiit.*

(208) Ce n'est point de Judith fille d'Henri dit le Noir, Duc de Baviére & mére de Frédéric I, que je m'imagine que Gracian ait voulu parler. Le nom de cette Impératrice ne se trouve guéres que dans des livres de génébalogie. Gracian a sans doute voulu parler de Constance, fille postume de Roger Roy de Naples & de Sicile, & qui épousa en 1186 l'Empereur Henri VI, dont elle eut Frédéric II : elle étoit pour lors âgée de 34 à 35 ans, non pas de 50 ans, & elle n'étoit point Religieuse, comme l'a écrit Turpin qui a fait une mauvaise histoire de Naples & de Sicile. Baronius a prouvé solidement le contraire. Les violences d'Henri VI, ses injustices, son ambition, son humeur farouche, son insatiable desir de vengeance & sa cruauté le firent universellement haïr ; Constance elle-même conjura contre lui, pour arrêter le cours de sa haine & de sa fureur : elle fut soupçonnée de l'avoir empoisonné, ce qui la rendroit bien indigne de l'épithéte de *Pieuse*, qui lui est donnée par Gracian. Frédéric II eut de grands diférens avec les Papes ; mais ce ne fut que depuis la mort de sa mére, puisqu'elle mourut avant que son fils eût ateint l'âge de raison, ensorte que la pensée de Gracian n'est point exacte. On a parlé bien diféremment de la mort de ce Prince : les uns le font mourir impénitent, sans aucuns sentimens de Dieu, sans sacremens, empoisonné & même étoufé par les mains de Mainfroy, l'un de ses fils naturels qu'il avoit fait Prince de Tarente, & qui vouloit par ce parricide s'emparer de son trésor & du Royaume de Sicile : d'autres au contraire disent qu'il mourut fort paisiblement dans son lit, entre les bras de l'Archevêque de Palerme qui lui donna l'absolution, aprés que ce Prince se fut confessé avec les sentimens les plus vifs de contrition & d'humilité, pardonnant à ses énemis, se soumettant entiérement à tout ce que l'Eglise ordonneroit touchant la restitution de ce qu'elle trouveroit lui apartenir, ordonnant de grandes aumônes, & enfin faisant paroître toutes les marques d'un prédestiné par les belles choses qu'il dit & qu'il fit à la mort. C'est ainsi que les Historiens contemporains ont laissé des relations directement oposées, suivant les passions dont ils étoient

teté de Louis IX, fut en grande partie le fruit des saintes leçons de la Reine Blanche de Castille sa mére. Sainte Isabelle (*Voyez la Note* 90) d'Aragon, Reine immortelle de Portugal, fut un oracle de vertus & de paix entre le Roy son époux Denis dit le Fabricateur, & le Prince son fils Alfonse dit le Brave. Sa religion triompha de la guerre : sa piété rompit les escadrons qu'avoit armés le pére contre le fils, & le fils contre le pére (209). Notre inestimable Reine Marguerite d'Autriche (210) dont la sainte mémoire est toujours présente & continuellement pleurée, sanctifioit le Roy par ses pieuses actions.

Bienheureux le Prince dont la mére sainte & prudente, en lui donnant la vie, lui inspire l'amour des vertus, la haine du vice, & le goût des grandes choses.

Il arrive ordinairement que l'amour d'un Prince pour son épouse, l'emporte sur le respect que l'on doit à sa mére : l'élévation de plusieurs Rois, & l'abaissement de plusieurs autres, se doit à leurs femmes. Cette vérité s'est bien fait sentir dans Jacques I, Roy d'Aragon : sa premiére femme le fit aimer de ses sujets ; la seconde l'en fit (211) haïr.

Et

préocupés. Tout cet éxamen étoit nécessaire pour juger de ce que Gracian dit cy-aprés, lorsqu'il acuse Frédéric d'obstination.

(209) Gracian marquoit de plus l'oposition des étendarts, & ainsi que dans la description des guerres civiles de Rome, on représente les aigles oposées aux aigles, Gracian oposoit réciproquement les écussons de Portugal, *Y Quinas que amenazavan Quinas*. Le mot de *Quinas* exprime les armes de Portugal, composées de cinq écussons. Il étoit dificile de rendre cette phrase.

(210) Marguerite d'Autriche fut mariée à Philippe III, Roy d'Espagne. Ils se distinguerent l'un & l'autre par leur piété. Voici ce qu'ajoûtoit Gracian sur cette Reine : *Elle a donné au monde, une longue suite de Princes Catholiques, pour être les Atlas de la foy, les Colonnes de la Religion, les soleils de la Chrétienté*. Dieu nous a fait voir par l'extinction de cette famille, combien nos espérances, lorsqu'elles paroissent les mieux fondées & les plus légitimes, sont vaines & frivoles.

(211) C'est Jacques le Conquérant, si fameux par ses exploits. Mariana l'apelle *Vir vere magnus*, *Homme vérita-*

Et les paſſions régnent communément ſur le ſéxe, de maniére qu'elles ne laiſſent lieu, ni au conſeil, ni à la modération, ni à la prudence, parties eſſentielles du Gouvernement, & plus on eſt puiſſant, plus il eſt tiranique : mais auſſi celles que la nature fit naître avec l'amour de la ſageſſe, & l'eſprit de prudence, ont fait paroître plus de vertu, plus de force, plus de diſcernement que le commun des hommes.

Un Prince aſſûré de la capacité, & du bon eſprit de ſon épouſe, partage avec elle le poids & les agrémens de la Royauté, régne avec plus de douceur & de modération. Ramire I, Roy de Caſtille, aidé de la prudence & de la valeur de la Reine Urraca (212) ſon épouſe, valoit deux Rois. Le Roy Jean II d'Aragon, & la Reine Jeanne (*Voyez les Notes* 24, & 31) ſa femme ſe diviſoient le travail ; tandis que le Roy commandoit une armée dans un Royaume, la Reine aſſembloit les Etats dans un autre, & comme une lune reſplendiſſante ſupléoit aux abſences du ſoleil.

L'on ne fait pas grand cas du conſeil d'une femme, mais quelquefois il eſt bon. Jean dernier Roy de Navarre ſe perdit

blement grand : Militiæ laude cum quovis veterum Ducum comparandus : Qui peut entrer en paralléle avec les plus grands Guerriers de l'Antiquité : mais il déshonora ſes vertus par une honteuſe paſſion : il répudia ſa premiére femme, malgré les remontrances des Evêques de ſon Royaume : il fit couper la langue à celui de Gironne : *Turpe facinus !* Ce ſont les termes de Mariana, *ſcelus ſcelere vindicatum, atque nová impietate antiqua impietas cumulata eſt. Abominable forfait ! le crime fut vangé par le crime, & l'impiété fut ſuivie d'une nouvelle impiété.* Ce procédé fit diminuer l'eſtime & l'amour que Jacques avoit d'ailleurs mérité de ſes peuples par ſes beaux exploits.

(212) Mariana ne raporte rien autre choſe de la Reine femme de Ramire I, que les ſoins qu'elle prenoit pour l'ornement des Egliſes, & ſurtout pour celles de ſaint Jacques, qu'elle regardoit comme l'Auteur des conquêtes que Ramire avoit faites ſur les Mores. Cette Reine eſt d'ailleurs ſi peu connuë, que quelques-uns l'apellent Vrraca, d'autres Paterna.

dit pour ne le point ſuivre ; il devoit ſe conſerver Roy par le conſeil (213) de celle qui l'avoit élevé au Trône.

Un Roy eſt jaloux de ſon commandement ; néanmoins il le ſoumet à la raiſon , & ſur-tout s'il la trouve dans une ſage & ſainte épouſe.

Une ſœur prudente , aviſée , éclairée , peut remplacer une femme , une mére. Tant qu'Henri I , Roy de Caſtille, fut aſiſté des conſeils de ſon illuſtre ſœur Bérenguéla (214) Reine de Léon , ſon Royaume fut en paix ; en Eſpagne une femme forte eſt regardée comme un homme , & dans la Maiſon d'Autriche , elles ont part au gouvernement.

La Reine Catholique fut rare & ſinguliére entre toutes les autres , & d'une ſi grande capacité , que celle de ſon grand époux , d'un ſi grand Roy , ne l'empêcha point de paroître , d'éclater. La premiére preuve en fut ſon choix , & puis ſon eſtime : chacun d'eux étoit capable de faire revenir le ſiécle d'or , naître le plus heureux des régnes : combien à plus forte raiſon étant unis enſemble.

Ferdinand parvint à ce point de politique , où beaucoup ont

(213) Les Hiſtoriens Eſpagnols , pour empêcher leurs Lecteurs de prendre garde de trop près à la maniére dont le Royaume de Navarre fut réuni à leur Monarchie , & pour les amuſer agréablement durant qu'ils touchent le plus légérement qu'il leur eſt poſſible , un endroit ſi délicat , racontent que Jean d'Albret étant arrivé au lieu le plus éloigné d'où il pouvoit encore voir Pampelune capitale de ſon Royaume , ſe mit à pleurer amérement , & que la Reine Catherine de Foix ſon épouſe , choquée de cette tendreſſe à contretems, lui dit d'un ton dédaigneux, qu'il avoit raiſon de pleurer en femme la perte d'une Couronne qu'il n'avoit ſçû défendre en homme : mais ces Auteurs ne ſe ſont pas aperçûs que Jean d'Albret & ſa femme ne ſortirent point enſemble de Pampelune , que comme le Roy y étoit moins aimé que la Reine , il penſa le premier à mettre ſa perſonne en ſûreté, par une retraite précipitée qu'il fit au point du jour , & que ce ne fut ſeulement que deux jours aprés que la Reine partit.

(214) Bérenguéla fut mariée à Alfonſe Roy de Léon. Mariana la repréſente comme une Princeſſe qui aimoit tendrement ſon frére Henri Roy de Caſtille , & qui fut toujours très-atachée à ſes intérêts.

ont tâché de parvenir, & peu ſont parvenus, à faire de ſon gouvernement une néceſſité de dépendance, en ſorte que ſes Etats ne puſſent ſe paſſer de lui, & qu'il ſe pût paſſer d'eux. Ceux que l'ingratitude avoit rendus ſes énemis le recherchérent avec des larmes & des priéres : ils aimérent mieux ſe (*Voïés les Notes* 47 *&* 49) ſoumettre à ſa prudence indignée, que d'être privés de ſes ſages conſeils, ſouſtraits à ſon ſage gouvernement.

Peu de Princes ont eu cette gloire ; peu ſe ſont fait déſirer, beaucoup ſe ſont fait haïr. Si Sanche Roy de Caſtille eut le ſurnom (215) de Déſiré, ce ſurnom ne lui fut donné que ſur des eſpérances conçûës, & non ſur des expériences ſuivies & avérées. Tite ne remplit point les ſix premiéres & bonnes années de Néron : pluſieurs ont été emportés, avant que la corruption du ſiécle ait pû les ataquer.

La variété eſt la mére du plaiſir ; au moins elle fait naître l'eſpérance. On aplaudit toujours aux Princes dans les premiers momens de leur élévation. On ne fait point réfléxion que les défauts de celui qui diſparoît, ſont remplacés par d'autres d'une eſpéce diférente, dans celui qui commence.

Le ſeul Ferdinand fut éxempt de cette loi générale. Phénix du monde, il retourna en Caſtille où le bruit de ſes triomphes & de ſa gloire l'avoit précédé. Telle fut l'admiration d'un Politique de ce tems-là, qu'elle lui fit dire, que *ſi jamais la Monarchie d'Eſpagne tomboit de ſa grandeur, il n'y auroit*

(215) Sanche III Roy de Caſtille ne régna qu'une année, de 1157 à 1158. Il ſuccéda à Alfonſe VII, ſon pére. Ce Prince marchant ſur ſes traces imitoit ſes grandes vertus, & ſembloit lui avoir ſuccédé également dans ſes Etats comme dans ſes talens pour la guerre & pour la paix. Il avoit ſur-tout une adreſſe merveilleuſe pour gagner l'eſtime & l'afection de ſes peuples. Il vécut peu, & fut beaucoup regretté, d'où lui eſt reſté le ſurnom de Déſiré.

auroit point d'autre remède, ſinon que ce Monarque Catholique reſſuſcitât pour en être le reſtaurateur.

Ferdinand aprés avoir travaillé à l'établiſſement de ſa Monarchie, travailla à la perfectionner en toute ſorte de genre.

Romulus fonda la République Romaine : la vengeance de la mort de ſon frére, ou le prix trompeur du Sénat ne lui donnérent pas le temps de la perfectionner ; ce ſoin demeura à ſes ſucceſſeurs. Ce n'eſt pas une des moindres régles de la Politique, que de leur laiſſer d'héroïques actions, de glorieuſes entrepriſes à terminer. La révolte des Mammelus éveilla Soliman encore jeune & peu expérimenté, en fit d'un Prince pacifique, un Prince guerrier, & le transforma d'un doux agneau, en un lion féroce.

Numa ſuccéda à Romulus, & introduiſit ſa religion, quoique fauſſe, comme la baze du gouvernement. Il inventa des Dieux, un culte, des Prêtres & des ſacrifices. Tullus Hoſtilius qui le ſuivit, s'apliqua aux armes, & joignit la diſcipline à la valeur. Ancus orna la ville d'édifices, de murailles, de ponts, & fonda des Colonies. Tarquinius Priſcus autoriſa par des loix & des ſignes extérieurs, la Majeſté Royale, & celle des Magiſtrats. Servius enfin établit les revenus de la République, les droits & les gabelles, qui avancent autant la deſtruction d'un Etat, lorſqu'ils ſont exceſſifs, qu'ils ſervent à le conſerver lorſqu'ils ſont modérés. Ainſi Romulus forme la Monarchie ; les autres la perfectionnent.

Tout ce que ces diférens Rois firent dans la Monarchie Romaine, Ferdinand ſeul le fit dans celle d'Eſpagne : Il y établit pour toujours la Religion par l'extinction des Juifs & des Mores, & par l'établiſſement du Tribunal de l'Inquiſition :

ſition. Il fit connoître la valeur & la force des Eſpagnols à toutes les Nations, & les remplit avec un éfroi ſubit de l'éclat de ſa puiſſance majeſtueuſe. Il porta l'autorité Royale, auparavant ſi outragée, & toujours ſi enviée, au dernier période de la grandeur. Il enrichit l'Etat, non par des tributs, mais par de continuelles flotes chargées d'or & d'argent, de perles & d'autres richeſſes venant des Indes : il rendit l'Eſpagne ſavante, en y atirant de toutes les parties de l'Univers les hommes ſavans dans les lettres humaines & divines ; enfin il la rendit heureuſe par toutes ſortes de perfections & d'ornemens, en ſorte que c'eſt avec beaucoup de raiſon que Philippe II regardant ſon portrait, diſoit : *C'eſt à lui que nous devons tout.*

Ferdinand non content de la renommée de ſes belles actions, de l'aveu de tout l'univers, pour ſe rendre encore plus certain de ſon intérieur, ſe renfermoit en lui-même, s'y rendoit compte de tout, s'y éxaminoit, y éxaminoit un Roy.

S'il eſt dificile à un homme de ſe connoître ſoi-même, il l'eſt encore plus à un Roy. L'amour propre nous aveugle, & les flateurs nous trompent. Un Roy ne ſait où ſe regarder : tous les miroirs ſont flateurs ; tout tend à le tromper : il ne peut s'inſtruire que par adreſſe, par induſtrie, par ſurpriſe.

Germanicus, raporte Tacite, ſe dépouilloit des marques de ſa grandeur, & alloit ſous un habit déguiſé écouter aux tentes des ſoldats, y puiſer la vérité dans leurs diſcours déſintéreſſés. Quelquefois il entendoit ſes éloges, quelquefois le contraire : ils ſervoient à l'animer, ou à le détromper.

Charlequint ſe ſervoit de cette même adreſſe : Eſpion de ſa réputation, il en cherchoit la vérité dans des diſcours dits avec liberté & ſans méfiance : la haine & la flaterie ne ſont

ſont point des glaces fidéles, elles altérent la vérité ; l'une transforme les vertus en vices, & l'autre les vices en vertus.

François I s'étant perdu à la chaſſe, paſſa la nuit dans la maiſon de la ſimplicité, entre deux payſans où la vérité s'aparut à lui, & ce Prince avoit coutume de dire : Je me retrouvai lorſqu'on me croioit perdu, parce que je changeai (216) de Rumb.

Pluſieurs Princes ſe ſont ſervis d'hommes ſimples & fous, pour être des oracles de vérité, parce qu'eux ſeuls la diſent: ils répétent ſans crainte ce que d'autres ont dit devant eux ſans diſcrétion. Ce fut la ſubtilité qu'employa Ferdinand, le plus parfait des politiques.

Il mourut la ſoixante & quinziéme année de ſon âge, & la quarantiéme de ſon régne. Heureuſes les Monarchies dont les Rois meurent vieux, & ne commencent point enfans ! Il vécut pour faire le bonheur de ſes peuples, & en être regretté éternellement. Le jour de ſa mort, & de celle de Charlequint ſon petit-fils, toute la Chrétienté pleura, & tous les Infidéles ſe réjouirent : le contraire arriva à la mort de Sélim & de ſon fils.

Mais Ferdinand ne mourut point ; les hommes fameux ne meurent jamais : la réputation des Rois ſe porte toujours aux extrémes ; ils ſont connus ou comme très-bons, ou comme très-méchans ; comme des prodiges de gloire, ou

(216) Ce trait n'eſt point raporté dans l'Hiſtoire générale de France. Il pourroit bien être que François I eût paſſé par hazard une nuit chez des payſans, & qu'il y eût apris des choſes que ſes Miniſtres ne lui diſoient pas, ſans que les Hiſtoriens euſſent jugé ce trait aſſez remarquable pour l'inſérer dans le corps d'une hiſtoire où il y en a de plus conſidérables d'omis ; mais néanmoins ſi François I eût eu coutume de dire ce qu'avance Gracian, cette maxime ſeroit plus connuë qu'elle n'eſt : d'ailleurs ce mot de *Rumb* eſt un terme de Marine, & ne ſe dit guéres qu'en parlant des vents, en ſorte que l'on ne peut pas s'aſſûrer de deviner ce que Gracian a voulu dire.

ou comme des monſtres d'horreur, des Rois de ſcandale & d'infamie : leur mémoire ſe conſerve pour toujours dans les faſtes de la tradition. Les uns ont fini avec leur Monarchie, comme Conſtantin avec celle des Grecs ; d'autres avec leur race, comme Childéric avec celle de Clovis ; & d'autres avec la Religion, comme Henri VIII, Roy d'Angleterre. Le Royaume d'Iſrael commença à tomber ſous Roboam par ſon imprudence ; celui des Romains ſous Galien par ſa foibleſſe ; celui des Grecs ſous Calaxonés (217) par ſon inadvertance. La Monarchie des Aſſiriens périt ſous Sardanapale par ſes délices ; celle des Médes ſous Aſtiages, par ſa tiranie ; celle des Perſes ſous Darius, par ſa négligence ; celle des Goths ſous Rodéric, par ſes débauches ; & celle des Grecs ſous Conſtantin, par ſon incapacité. On abhorra dans tous les ſiécles, la fourberie de Tibére, l'iniquité de Caligula, la ſtupidité de Claude, la tiranie de Néron, la luxure d'Héliogabale, l'inſenſibilité de Galien, la ſimplicité de Charles Roy de France, la cruauté de Pierre Roy de Caſtille, la foibleſſe de Sanche Roy de Portugal, l'abomination d'Henri IV (218) Roy de Suéde, l'infamie de Maurégat (219), l'obſtination de (*Voyez Note* 208) Frédéric, l'aveuglement d'Henri

(217) Il n'y a point d'Empereur Grec de ce nom. J'aurois crû que ç'auroit pû être Calojean ou Jean Commene, parce que la prononciation de l'*x* ou de l'*j* conſonne eſt ſemblable en Eſpagnol ; mais ce que Gracian dit, ne convient point à ce Prince, qui remporta pluſieurs victoires ſur les Barbares, les Schytes, les Huns, les Turcs & les Sarrazins.

(218) Henri fils de Guſtave I, obſerva auſſi peu les bienſéances dans les choſes de la Religion, que dans celles de l'Etat. Il s'abandonna à des concubines, & en épouſa une en face de l'Egliſe. Il ſe laiſſa gouverner par un de ſes bâtards. Ayant ſoupçonné ſes principaux Conſeillers d'une conjuration, il les fit pendre, ſans vouloir les entendre. Ses cruautés & ſes injuſtices excitérent une révolte. Les troupes qu'il envoya contre les révoltés, le trahirent & ſe joignirent à eux. Il fut aſſiégé dans Stockolm, pris & mis dans une priſon où il finit ſes jours.

(219) Maurégat, ſeptiéme Roy de Léon, fils bâtard d'Alfonſe I Roy de Léon, uſurpa l'an 783 la couronne ſur Alfonſe ſon neveu. Il a rendu ſa mémoire infame par le traité honteux qu'il

d'Henri VIII. Un Roy devroit toujours trembler d'être agrégé à une si horrible troupe.

Il y a un autre téatre de la réputation, téatre auguste, téatre d'honneur, d'héroïsme, de gloire, où il y a diférens chœurs suivans ceux des vertus, & dans tous, Ferdinand est admiré. Dans celui d'une piété sainte & catholique, parmi Théodose, Henri, Othon & Rodolfe premiers du nom; Ferdinand I, & II, (220) Empereurs; Recarède (221), Vamba, Pélage, Ferdinand III, Philippe III (222) Rois d'Espagne; Clovis, Charlemagne, & Louis IX, Rois de France; Etienne I (223) Roy de Hongrie; Henri I, Roy de Danemarc; Olaüs (224) Roy de Suéde, & Casimir Roy de Pologne.

Dans

fit avec les Mores, auxquels il payoit un tribut annuel de cinquante filles Nobles, & d'autant de roturiéres.

(220) Ferdinand I, & Ferdinand II, êtoient l'un & l'autre de la Maison d'Autriche. Ils gouvernérent avec beaucoup d'équité & de douceur. Ferdinand I fut sur-tout inviolable à garder sa parole : ayant promis une grace à un Oficier qui dans la suite s'en rendit indigne, & qui osa néanmoins la demander, il la lui acorda, disant qu'il valoit mieux oublier l'indignité d'un simple Oficier, que manquer à la promesse d'un Empereur. Ces deux Princes ne sont point indignes du rang où les éléve Gracian, qui d'ailleurs saisit avec plaisir les ocasions de louer les Princes de la Maison d'Autriche.

(221) Recarède fils & successeur de Leuvigilde Roy des Goths en Espagne, abjura l'Arianisme, & fut très-zélé pour la Religion Catholique. Herménigilde son frére lui avoit laissé l'éxemple d'un zéle bien pur, que ni la crainte de la mort, ni l'idée flateuse des grandeurs du siécle n'avoit pû ébranler.

(222) Philippe III êtoit d'un naturel doux & temperé, énemi des vices, & principalement de tout ce qui peut blesser la pureté. Il avoit plus les vertus d'un particulier que celles d'un Roy, & ne reconnut qu'à la mort l'abus que ses Ministres avoient fait de l'autorité qu'il leur avoit confiée.

(223) Etienne fut le premier Roy Chrétien de Hongrie. Il travailla avec tant de zéle à y établir la Religion Catholique, qu'il en est regardé comme l'Apôtre. Il a mérité par ses actions d'être mis au catalogue des Saints.

(224) Henri ou Eric I, Roy de Danemarc & de Norvége, & Olaüs Roy de Suéde régnoient l'un & l'autre vers le milieu du neuviéme siécle. Ce n'est que dans ce siécle que l'on commence à avoir une connoissance assez éxacte du régne des Rois de ces Monarchies Septentrionales. Eric introduisit la Religion dans le Danemarc, & Olaüs dans la Suéde, où elle ne devint dominante que dans le onziéme siécle.

Dans celui des Conquérans, entre Jules César ; Jacques Roy d'Aragon ; Tamerlan ; Ginghis ; Mahomet II ; Charlequint ; Sélim ; Soliman ; & Henri IV, Roi de France. Dans celui des grands Rois, entre Aléxandre ; Constantin ; Charlemagne ; Alfonse III (225) & Philippe IV Rois d'Espagne. Dans celui des Rois sages, entre Ismael Sophi ; Charles V, Roy de France ; Albert d'Autriche ; Sanche IV, (226) Roy de Navarre. Dans celui des Politiques, entre Louis XI, Roy de France ; Etienne Batori, de Pologne ; Mathias Corvin, de Hongrie. Dans celui des Rois prudens, entre Justinien Empereur ; Maximilien I ; Gustave I, Roy de Suéde ; & Philippe II, Roy d'Espagne. Dans celui des Rois magnanimes, entre Ninus I, Empereur des Assiriens ; Xerxés I, Empereur de Perse ; Octavien Auguste ; & Alfonse, Roy de Naples. Dans celui des Rois d'un beau nom, entre Hispan (227) donnant son nom à l'Espagne ; Titus apellé les Délices du genre humain ; Othon III, dit la Merveille du Monde ; & Sanche le Désiré. Dans celui des Rois très heureux, entre Numa Pompilius ; Philippe de Macédoine ; Antonin ; & Emanuel Roy de Portugal. Dans celui des Amateurs de la justice, entre un Artaxerxés Longuemain, *punissant le crime* (228) ;

Antiochus

(225) Alfonse III hérita des belles inclinations de ses ayeux. Il se distingua par la douceur de ses mœurs : il ne fut pas moins recommandable par sa grandeur d'ame, que par sa sensibilité pour les pauvres. Ses exploits lui méritérent le surnom de Grand.

(226) Sanche IV, Roy de Navarre fut surnommé le Sage. L'histoire des premiers Rois de Navarre est fort obscure & fort confuse ; en sorte que de toutes les particularités qui regardent ce Roy, son surnom est ce qu'il y a de plus connu.

(227) Hispan est le nom d'un Roy fabuleux. Le nom d'Espagne est le nom que les Phéniciens donnoient à cette contrée, & signifie pays où il y a beaucoup de lapins.

(228) Je n'ai point rendu cette phrase littéralement. Voici comme elle est dans Gracian, *Dando à su Camarero el precio del soborno.* Il faut examiner ce qu'il a voulu dire : le mot de *Cama-*

Antiochus, réformant les abus de son empire ; Seleucus, estimant la justice plus que ses yeux (229) ; Aurélien Empereur, châtiant les traîtres ; & Nerva, les ingrats (230) ; Jacques II

rero a quelquefois un sens fort vague, & s'étend aux plus intimes Oficiers, & à tous ceux qui aprochent de la chambre du Roy. Il désigne ici Artaban, Capitaine des Gardes de Xerxès, pére d'Artaxerxès ; ainsi en substituant ce mot, la phrase voudroit dire, *donnant à Artaban le prix de la subornation*, & ce dernier mot se prendroit dans un sens passif ; car Artaban qui devoit veiller à la conservation du Roy Xerxès l'assassina. Artaxerxès commença son régne par des actes de justice ; il fit mourir Artaban, & tous ceux qui avoient eû part à la mort du Roy son pére. Son régne est un des plus illustres, soit dans l'Histoire Sainte, soit dans l'histoire profane. C'est de lui que parle l'Ecriture sous le nom d'Assuerus.

(229) Il y a eu douze Rois de Syrie, du nom d'Antiochus, & six du nom de Seleucus. Seleucus Nicator, un des Capitaines d'Aléxandre, fut remarquable par ses victoires & son ambition : il est le premier Roy de Syrie ; il eut pour fils Antiochus Soter qui devint amoureux de Stratonice, sa belle-mére. Ce Prince la céda à son fils. De cet inceste nâquirent les Rois de Syrie, qui ont si souvent tourmenté & persécuté le peuple de Dieu. Antiochus II épousa sa sœur. Sous ce Roi plusieurs Gouverneurs révoltés se rendirent maîtres de leurs Provinces. Seleucus II fut deux fois sur le point de se voir enlever ses Etats ; la premiére fois par des énemis de dehors, la seconde fois par son frére. Seleucus III, son fils, Prince foible, régna peu. Il fut tué dans une conspiration tramée par ses Oficiers. Son frére Antiochus le Grand lui succéda ; heureux dans ses premieres années, malheureux dans ses derniéres, il devint tributaire des Romains. Il vole un Temple, & meurt assommé. Seleucus Philopator son successeur est empoisonné par Heliodore, qu'il avoit autrefois envoyé à Jérusalem pour dépouiller le Temple. Antiochus Epiphane est connu par ses crimes, ses véxations, ses impiétés, & par le genre afreux de mort dont furent suivis ses forfaits. Antiochus Eupator son fils & son succcesseur monta sur le Tróne à l âge de 9 ans. Il fut pris & mis à mort par son concurrent Demetrius Soter avant que d'avoir ateint l'âge de gouverner. Les troubles continuérent dans la Syrie, sous les régnes des autres Antiochus & Seleucus, la plus grande partie des Rois de Syrie ayant porté l'un ou l'autre de ces deux noms. Plusieurs firent la guerre aux Juifs ; tous méritérent d'être malheureux, & presque tous périrent de mort violente ; la Syrie enfin fut mise au nombre des Provinces Romaines. Voilà ce que l'histoire la plus connuë & la plus certaine nous aprend des Antiochus & des Seleucus, sans qu'aucun paroisse digne du rang où les éleve Gracian.

(230) Aurélien, un des Empereurs de Rome des plus guerriers, fameux par la défaite de Zénobie & par plusieurs autres victoires, étoit sanguinaire ; & c'est à cette inclination, plutôt qu'à sa haine pour les traîtres que les Historiens attribuent les châtimens rigoureux des Sénateurs acusés d'avoir cabalé contre lui. Il fit servir Tetrique qui l'avoit apellé dans les Gaules, à orner son triomphe, & par cette conduite il a pû donner lieu de dire, que s'il aimoit la trahison, il

Jacques II (231) Roy d'Aragon, dit le Juste ; & Alfonse XI (232) Roy de Castille. Enfin le nom de Ferdinand se trouve écrit dans les Annales de la Mémoire avec tous les diférens Héros, Catholiques, Conquérans, Magnanimes, Politiques, Prudens, Sages, Aimés, Amateurs de la justice, & Heureux : héros universel ?

C'est-là, (Excélentissime Duc, qui faites la plus grande gloire des Caraffes, & qui êtes toute la mienne & tout mon bonheur,) une copie imparfaite du plus parfait modéle des héros, le dernier Roy des Goths (233) en ligne masculine, & le premier du monde par ses vertus ; dont la plus belle action, parmi tant d'autres, fut d'avoir fait le choix (234), ou

haïssoit & punissoit les traîtres. Ce que Gracian avance sur Nerva ne m'a pas été aussi facile à justifier.

(231) Jacques II, Roy d'Aragon, mérita le nom de Juste par une voye oposée à celle de presque tous ceux qui ont eû ce surnom, & infiniment plus glorieuse : ce fut par sa haine pour les procès. Il chassa de ses Etats un certain *Semenus Rada*, parce que sa subtilité le rendoit assez habile pour soutenir de mauvaises causes. Ce fut ce même Jacques qui établit pour toujours par une Loy solennelle, que les Royaumes d'Aragon, de Catalogne & de Valence ne pourroient plus être séparés.

(232) Alfonse XI, dit Mariana, donna dès ses jeunes années des marques d'un Prince très-juste & très-bon. La prudence n'atendit point le nombre des années, *Major ipsi quam pro annis prudentia inerat*. Il ne fut pas moins distingué par sa valeur ; écoutons encore Mariana : *ubi honestius quam in castris moriendum homini à primâ ætate enutrito in armis ? Y a-t'il une mort plus glorieuse pour un homme élevé dans les armes, que de mourir au milieu des armées ?*

(233) Cette pensée de Gracian n'est pas éxacte ; la Monarchie des Goths fut éteinte dans la personne de Rodéric, & Pélage le premier Roy des Asturies, quoique du sang Royal des Goths, ne prit plus le titre de Roy Goth, & aucun de ses successeurs ne l'a pris. Il est d'ailleurs faux que Ferdinand sorte en droite ligne masculine de Pélage ; Ferdinand descend en droite ligne d'Henri II, Roy de Castille, fils naturel d'Alfonse XI.

(234) Bien loin que Ferdinand eût choisi la Maison d'Autriche, comme le dit Gracian pour lui succéder ; au contraire il n'avoit rien oublié de ce qui se pouvoit naturellement pour l'empêcher. Il avoit marié l'aînée de ses filles en Portugal, & avoit témoigné par une préférence si publique, aimer mieux que sa succession passât à la postérité du Roy de Portugal ; sa prévoyance avoit été néanmoins vaine, & tout autre que lui eût adoré dans une révolution si prompte, l'ordre de la Providence Divine, & s'y fût soumis, mais au contraire il s'y oposa, avec une obstination encore plus ferme : sa femme

ou plûtôt d'avoir éxécuté la supérieure & divine élection de la trés Catholique Maison d'Autriche pour succéder à sa Monarchie. (235)

ne fut pas plûtôt morte, qu'il en épousa une autre, dans la seule vûë d'avoir un fils. Il s'étoit proposé d'épouser la Princesse de Castille, fille d'Henri IV, Roy de Castille, de la ramener à main armée dans le Royaume de son pére, d'y rétablir son parti qu'il y avoit autrefois oprimé & de la faire regarder comme légitime, aprés que lui-même l'avoit dépouillée de ses Etats, comme bâtarde. Le Pape Jules II, quoique formaliste, & même retenu à acorder des graces dans la seule vûë de les faire estimer davantage, ne s'oposoit point par la haine qu'il portoit aux François, regardant Ferdinand comme le Prince le plus capable de concourir à l'éxécution de ses desseins contr'eux : mais le Roy de Portugal qui tenoit cette Princesse dans ses Etats, ne voulut jamais la lui remettre. Ferdinand fut donc obligé de changer ses vûës, & il épousa Germaine de Foix qui ne laissa point de postérité. Il mourut quelques années aprés à Madrigalejo. Sa mort mérite d'être circonstanciée. Il avoit souhaité autrefois qu'on travaillât à son horoscope, & Dieu, qui punit plus sévérement & plus universellement les Souverains crédules à l'Astrologie judiciaire, que les particuliers ; soit qu'il ait plus de jalousie à leur égard, ou que le scandale qu'ils donnent en ce point, lui soit plus insuportable, permit que les Astrologues lui dissent une partie de la vérité ; ils lui déclarérent qu'il mourroit à Madrigal, ville en Castille, sans qu'il y en ait une seconde de même nom dans toute l'Espagne. La meilleure Commanderie de l'Ordre de Calatrava étant venuë à vaquer, Ferdinand résolut de la conferer à Ferdinand d'Aragon fils légitime de l'Archevêque de Saragoce son fils naturel, & d'aller lui-même l'y installer. Il tomba malade en chemin, & son mal ayant redoublé au hameau de Madrigalejo, il lui fut impossible d'aller plus loin. Ce hameau un des plus petits de l'Espagne est situé dans le territoire de la ville de Truxillo. Ferdinand n'en eut pas plûtôt apris le nom qu'il reconnut s'être trompé dans l'interprétation de son horoscope, qu'il avoit en vain évité d'aller à Madrigal, & que c'étoit fait de lui. Il tâcha de mettre ordre à sa conscience & aux afaires de son Etat, & il mourut.

(235) Gracian continuoit, *Maison que Dieu a élevée pour élever avec elle son Eglise. Les anciennes & cruelles discordes des Frédérics Empereurs, avec les saints Pontifes finissant ; la paix renaissant sous l'Empereur Rodolfe d'Autriche, l'Eglise du Seigneur depuis que cette maison régne, ne sachant, ni ne connoissant ce que c'est que schisme. Maison qui a fait revenir les Papes d'Avignon à Rome, les a rétablis sur leur Trône Pontifical, & les maintient dans leur autorité suprême. Maison que Dieu a élevée pour servir de rempart à la Chrétienté, contre la Puissance Ottomane; Maison à qui Dieu a donné de la force pour détruire les Hérétiques en Bohéme, Hongrie, Allemagne, Flandres, & même en France. Maison à qui Dieu a donné nombre de Saints, d'Empereurs, d'Impératrices, de Rois, de Reines, & d'Archiducs. Maison dont Dieu a étendu la puissance sur toute la surface de la terre, pour y étendre la foy, y faire connoître la sainte loy. Maison que Dieu a choisi dans la loy de grace, comme dans l'ancienne loy celle d'Abraham, pour s'apeller Dieu d'Autriche, Dieu de Rodolfe, de Philippe & de Ferdinand, puisque notre sage & catholi-*

que Héros a choisi cette auguste Maison pour succéder à son zéle Catholique, pour hériter de sa grande puissance, pour conserver son prudent Gouvernement, pour étendre sa tres-heureuse Monarchie, que le Ciel daigne rendre universelle. Ce sont-là de grandes phrases qui prouvent également quelles étoient les idées, & le génie des Espagnols sous le regne des Rois de la Maison d'Autriche, & quelle fut en particulier l'imagination de Graçian.

TABLE DES MATIERES.

La lettre *p* marque la page du texte. La lettre *n* désigne la note.

Q

TABLE DES MATIERES.

TABLE DES MATIERES.

Fin de la Table des Matieres.

www.ingramcontent.com/pod-product-compliance
Ingram Content Group UK Ltd.
Pitfield, Milton Keynes, MK11 3LW, UK
UKHW021538260726
13993UKWH00002B/554